如何发展新质生产力

任初轩 编

人民日报出版社

北 京

图书在版编目（CIP）数据

如何发展新质生产力 / 任初轩编 . — 北京：
人民日报出版社，2024.3
ISBN 978-7-5115-8242-3

Ⅰ.①如… Ⅱ.①任… Ⅲ.①生产力－发展－
研究－中国 Ⅳ.① F120.2

中国国家版本馆 CIP 数据核字（2024）第 060673 号

书　　　名：如何发展新质生产力
　　　　　　RUHE FAZHAN XINZHI SHENGCHANLI
编　　　者：任初轩

出 版 人：刘华新
策 划 人：欧阳辉
责任编辑：曹　腾　季　玮
版式设计：九章文化

出版发行：人民日报出版社
社　　　址：北京金台西路 2 号
邮政编码：100733
发行热线：(010) 65369509　65369527　65369846　65369512
邮购热线：(010) 65369530　65363527
编辑热线：(010) 65369523
网　　　址：www.peopledailypress.com
经　　　销：新华书店
印　　　刷：大厂回族自治县彩虹印刷有限公司
法律顾问：北京科宇律师事务所　010-83622312

开　　　本：710mm×1000mm　1/16
字　　　数：167 千字
印　　　张：15.75
版次印次：2024 年 4 月第 1 版　　2025 年 1 月第 4 次印刷

书　　　号：ISBN 978-7-5115-8242-3
定　　　价：48.00 元

目　录

思想平台

理论茶座

目　录

思想平台

为高质量发展提供强劲推动力

李　拯

今年开年以来，高质量发展新动能加快孕育壮大。北京实施制造业重点产业链高质量发展行动，开辟量子技术、生命科学等未来产业新赛道；黑龙江实施中小企业数字化赋能、智能制造试点示范行动，促进"5G+工业互联网"融合发展；安徽加快建设量子信息、聚变能源、深空探测三大科创高地，启动建设未来产业先导区。各地不断推出新举措，塑造发展新动能、新优势，呈现出推动新质生产力加快发展的坚定决心。

中共中央政治局就扎实推进高质量发展进行第十一次集体学习，习近平总书记在主持学习时强调，"必须牢记高质量发展是新时代的硬道理""发展新质生产力是推动高质量发展的内在要求和重要着力点，必须继续做好创新这篇大文章，推动新质生产力加快发展"。在参加十四届全国人大二次会议江苏代表团审议时，习近平总书记强调："要牢牢把握高质量发展这个首要任务，因地制宜发展新质生产力。"习近平总书记的重要讲话，从理论上对新质生产力进行总结、概括，深刻阐明了新质生产力的基本内涵、核心标志以及核心要素，对因地制宜发展新质生产力提出明确要求，为我们推动新质生产力加快发展指明了努力方向和实现路径。

新时代的发展必须是高质量发展。新时代以来，推动高质量发展成为全党全社会的共识和自觉行动。量子计算原型机"九章三号"刷新世界纪录、中国空间站进入应用与发展阶段，创新驱动发展实现新的突破；城乡区域发展协调性、平衡性明显增强；改革开放全面深化，发展动力活力竞相迸发；我国跃升为世界第一大汽车出口国，在新能源汽车、清洁能源等方面引领全球，绿色低碳转型势头更强，高质量发展取得明显成效。同时，高质量发展的制约因素还大量存在。摆脱传统经济增长方式、生产力发展路径，就要推动新质生产力加快发展。

概括地说，新质生产力是创新起主导作用，具有高科技、高效能、高质量特征，符合新发展理念的先进生产力质态。它由技术革命性突破、生产要素创新性配置、产业深度转型升级而催生，以劳动者、劳动资料、劳动对象及其优化组合的跃升为基本内涵，以全要素生产率大幅提升为核心标志，特点是创新，关键在质优，本质是先进生产力。因此，形成新质生产力的过程也是战略性新兴产业加快发展、未来产业孕育壮大的过程。

新质生产力已经在实践中形成并展示出对高质量发展的强劲推动力、支撑力。人形机器人不仅能浇花、洗碗、摆放椅子，甚至能帮人剃胡须；量子计算机能把算力提高到新的层次，以指数级增长超越现在的超级计算机……这些前沿创新让我们切实认识到，科技创新能够催生新产业、新模式、新动能，是发展新质生产力的核心要素。推动新质生产力加快发展，必须加强科技创新特别是原创性、颠覆性科技创新，加快实现高水平科技自立自强，打好关键核心技术攻坚战，使原创性、颠覆性科技创新成果竞相涌现。同时，必须坚持全面深化改革，推动形成与之相适应的新型生产关系。

历史经验表明，科技革命总是能够深刻改变世界发展格局。推动新质生产力加快发展，以新质生产力支撑高质量发展，一定能为中国式现代化构筑强大物质技术基础。

《人民日报》（2024 年 03 月 12 日第 05 版）

发展新质生产力的核心要素

石　羚

"人造太阳"实现稳态高约束模式等离子体运行 403 秒，对加快实现聚变发电具有重要意义；"爱达·魔都号"正式命名交付，自此中国人可以乘坐国产大型邮轮出海旅行；全球首条 1.2T 超高速下一代互联网主干通路正式开通，为我国建设超高速下一代互联网提供技术储备……回望 2023 年，我国科技创新捷报频传，大国重器频频上新，为科技创新能力不断提升写下生动注脚，为加速形成新质生产力提供强大支撑。

科学技术是第一生产力，是先进生产力的集中体现和主要标志。习近平总书记在主持中共中央政治局第十一次集体学习时强调："科技创新能够催生新产业、新模式、新动能，是发展新质生产力的核心要素。"发展新质生产力，就要做好科技创新这篇大文章，以科技创新驱动产业变革，提高全要素生产率。

欲致其高，必丰其基；欲茂其末，必深其根。发展新质生产力，必须加强科技创新特别是原创性、颠覆性科技创新，加快实现高水平科技自立自强。当下，围绕科技制高点的竞争空前激烈，我们愈发清晰地认识到：关键核心技术是要不来、买不来、讨不来的。唯有加强原创性科技创新，才能把关键核心技术掌握在自己手中，把发展主动权牢牢掌握在自己手里；唯有加强颠覆性科技创新，才能超越原有技术并产生替代，以重要领域和关键环节的突破带动全局。从高端芯片、工业母机，到开发平台、基本算法，再到基础元器件、基础材料，打好关键核心技术攻坚战，使原创性、颠覆性科技创新成果竞相涌现，才能培育发展新质生产力的新动能，为发展新质生产力奠定基础、提供支撑。

科学技术只有应用到生产过程中，才会转化为现实的、直接的生产力。我们掌握 5 大门类、20 个专业、6000 多项民用飞机技术，最终摘取了大型客机这一"现代制造业的明珠"，使 C919 顺利投入商业运营；我们不断推进结构创新和电化学体系创新，动力电池出货量领跑全球。相关案例充分说明：创新成果不能停留于"实验室"，而要运用于"生产线"；科技发明不能存放于"书架"，而要走上"货架"。既重视"从 0 到 1"的原始创新突破，更关注"从 1 到无穷"的成果转化应用，及时将科技创新成果应用到具体产业和产业链上，才能推动科技创新同经济发展深度融合。

习近平总书记在参加十四届全国人大二次会议江苏代表团审议时强调："面对新一轮科技革命和产业变革，我们必须抢抓机遇，加大创新力度，培育壮大新兴产业，超前布局建设未来产业，完善现代化产业体系。"发展新质生产力，培育新产业是重点任务。目前，我国基本构建了规模大、体系全、竞争力较强的产业体系，但一些产业"大而不强""全而不优"的问题依然存在。站在新的起点上，必须围绕发展新质生产力布局产业链，完善现代化产业体系。一方面，战略性新兴产业、未来产业是发展新质生产力的主阵地，要打造生物制造、商业航天、低空经济等战略性新兴产业，开辟量子、生命科学等未来产业新赛道；另一方面，传统产业通过转型升级，也能成为新质生产力的重要部分，要让数智技术、绿色技术得到更广泛应用，推动产业向中高端迈进，跑出新旧动能转换"加速度"。

科技赋能发展，创新决胜未来。纵观人类发展史，创新始终是社会生产力提升的关键因素。从蒸汽机的发明开启工业革命大门，到电话、电灯的应用拉开电气时代序幕，再到电子计算机的普及带来信息社会，一次次颠覆性的科技革新，带来社会生产力的大解放和人民生活水平的大跃升。牢牢抓住科技创新这个"牛鼻子",以新质生产力开辟发展新赛道、增强发展新动能、塑造发展新优势,我们定能赢得未来发展主动权,把中国式现代化的美好图景一步步变为现实。

《人民日报》(2024 年 03 月 13 日第 05 版)

思想平台

新质生产力本身就是绿色生产力

周人杰

如何加快发展新质生产力？绿色赋能是重要一环。在上海市杨浦滨江，曾经的煤灰仓的顶部平台铺满了太阳能光伏板。这一"零碳智慧综合能源中心"，通过光储充一体化系统变为巨大的"充电宝"，为周边的咖啡馆、岸电充电桩、景观照明设施等持续提供绿色电力，生动展现了杨浦滨江从"工业锈带"向"工业秀带""生活秀带"的跨越，彰显了绿色生产力的巨大潜力。

不久前，习近平总书记在主持中共中央政治局第十一次集体学习时指出："绿色发展是高质量发展的底色，新质生产力本身就是绿色生产力。"这一重要论断，深刻阐明了新质生产力与绿色生产力的内在联系。推动新质生产力加快发展，就要牢固树立和践行绿水青山就是金山银山的理念，坚定不移走生态优先、绿色发展之路，加快发展方式绿色转型，助力碳达峰碳中和，以绿色发展的新成效不断激发新质生产力。

新质生产力具有高科技、高效能、高质量特征，创新起主导作用，是符合新发展理念的先进生产力质态。这就意味着新质生产力必然是环境友好型、资源节约型的生产力，发展新质生产力客观上就是在发展绿色生产力。推动经济社会发展全面绿色转型，加快形成科技含量高、资源消耗低、环境污染少的产业结构，实现生产过程清洁化、资源利用循环化、能源消费低碳化、产品供给绿色化、产业结构高端化，有利于将科技创新成果应用到具体产业和产业链上，完善现代化产业体系，从而不断培育发展新质生产力的新动能。

绿色发展，就其要义来讲，是要解决好人与自然和谐共生问题。新时代以来，我国绿色发展取得重大成就，经济发展"含金量"和"含绿量"显著提升。过去一年，生态环境领域"十四五"重大工程台账系统纳入项目1.2万个，完成投资6000亿元；可再生能源发电装机容量占比过半，历史性超过火电装机；新能源汽车产销两旺，连续9年位居世界第一。绿色低碳转型持续深入，不仅为解决生态环境问题提供了治本之策，而且有助于加快形成绿色生产方式和生活方式，厚植高质量发展的绿色底色，大幅提高经济绿色化程度，持续增强发展的潜力和后劲。

习近平总书记在看望参加政协会议的民革科技界环境资源界委员时强调："全面准确落实精准治污、科学治污、依法治污方针，推动经济社会发展绿色化、低碳化，加强资源节约集约循环利用，拓展生态产品价值实现路径，积极稳妥推进碳达峰碳中和，为高质量发展注入新动能、塑造新优势。"以新质生产力打造发展新优势、赢得发展主动权，是推动高质量发展的必然要求。我们要清醒地看到，当前我国生态文明建设仍处于压力叠加、负重前行的关键期，必须坚持目标导向和问题导向相结合。针对绿色科技领域的短板弱项，要加快绿色科技创新和先进绿色技术推广应用，做强绿色制造业，发展绿色服务业，壮大绿色能源产业，发展绿色低碳产业和供应链，构建绿色低碳循环经济体系；从政策取向上，要持续优化支持绿色低碳发展的经济政策工具箱，发挥绿色金融的牵引作用，打造高效生态绿色产业集群；从社会层面看，要在全社会大力倡导绿色健康生活方式。

不久前发布的关于推动雄安新区建设绿色发展城市典范的意见提出，到2030年细颗粒物平均浓度相比2020年下降20%，启动区建成区域绿色交通出行比例达到90%；位于广东省揭阳市的广东石化炼化一体化项目，用高硫石油焦生产燃料气和氢气供各装置使用，实现"变废为宝"……神州大地绿色发展春意盎然，生机勃勃。坚定不移走生态优先、绿色发展之路，持续推进生态文明建设，以高水平保护支撑高质量发展，必能不断激发新质生产力，实现人与自然和谐共生的现代化发展。

《人民日报》（2024年03月14日第05版）

形成新型生产关系

孟繁哲

中国农业科学院深圳农业基因组研究所拓展科学研究的自由度和灵活度，课题组组长可自主招聘团队成员、选择和调整科研任务技术路线；浙江省义乌市首批"共享专利"在浙江知识产权交易中心挂牌，助力破解高校院所成果"转化难"和中小企业技术"获取难"；复旦大学相辉研究院成立，为科研人员提供 10 年以上的长周期支持和个性化、人性化服务，5—10 年不考核，为人才"十年磨一剑"提供制度保障……各地通过深化改革优化创新环境，推动加快形成新质生产力，增强发展新动能。

习近平总书记在主持中共中央政治局第十一次集体学习时指出，"发展新质生产力，必须进一步全面深化改革，形成与之相适应的新型生产关系""要扩大高水平对外开放，为发展新质生产力营造良好国际环境"。推动新质生产力加快发展，既是发展命题，也是改革命题。面向未来，必须坚持依靠改革开放增强发展内生动力，统筹推进深层次改革和高水平开放，不断解放和发展社会生产力、激发和增强社会活力。

生产关系必须与生产力发展要求相适应。安徽小岗村包产到户，拉开农村改革的大幕；实施科教兴国战略，点燃科技创新的引擎；允许雇工，唤醒无数"个体户"的创业梦想……从 40 多年的改革历程来看，改革能破除制约生产力的思想障碍和制度藩篱，让一切劳动、知识、技术、管理、资本的活力竞相迸发，让一切创造社会财富的源泉充分涌流。新质生产力是代表新技术、创造新价值、适应新产业、重塑新动能的新型生产力，尤其需要与之匹配的科学机制、与之相适的发展环境。只有全面深化改革，建立高标准市场体系，创新生产要素配置方式，才能让各类先进优质生产要素向发展新质生产力顺畅流动。

如果把科技创新比作我国发展的新引擎，那么改革就是点燃这个新引擎必不可少的点火系。习近平总书记指出："科技创新、制度创新要协同发挥作用，两个轮子一起转。"从破除"四唯"，到推进创新攻关的"揭榜挂帅"体制机制，从开展减轻科研人员负担专项行动，到赋予科研人员更大的人财物支配权和学术自主权。新时代以来，一系列科技体制改革举措密集落地，剑指一个个阻碍科技创新的障碍，极大释放了创新引擎的动能。接下来，我们既要完善人才培养、引进、使用、合理流动的工作机制，又要优化高等学校学科设置、人才培养模式，还要健全要素参与收入分配机制，更好体现知识、技术、人才的市场价值，多措并举，深化改革，推动新质生产力加快发展。

创新不是"独角戏"，而是"大合唱"，开放为创新提供了重要基础。只有扩大高水平对外开放，才能为发展新质生产力营造良好国际环境。一张 5500 万光年外的黑洞照片，需要调动全球 8 台射电望远镜"组网"拍摄；一个底层软件的流畅运行，离不开多国程序员写下的几千万行代码作支撑；一个重大的前沿科研工程，从布局到分工，有赖于全球科学家的智慧……当前，全球进入大科学时代，科学研究的复杂性、系统性、协同性显著增强，国际合作正在成为推动科技创新的一个"必选项"。加快发展新质生产力，必须持续以更加开放的思维和举措推进国际科技交流合作，建设具有全球竞争力的开放创新生态，实施开放包容、互惠共享的国际科技合作战略，积极融入全球创新网络，集聚全球创新要素。

改革不停顿，开放不止步。坚定不移全面深化改革，扩大高水平对外开放，协同推进科技创新和制度创新，夯实科技自

思想平台·

立自强根基，释放创新活力，必将为形成并发展先进程度跃迁的新质生产力营造良好的国内国际环境，从而在新一轮科技革命与产业变革中抢占先机，塑造发展新优势。

《人民日报》（2024 年 03 月 15 日第 05 版）

财政加力壮大新质生产力

张　琦

新质生产力是创新起主导作用、符合新发展理念的先进生产力质态。它摆脱了传统经济增长方式、生产力发展路径，具有高科技、高效能、高质量特征。近年来，我国着力实施创新驱动发展战略，在推动技术革命性突破、生产要素创新性配置、产业深度转型升级方面取得了明显成效。这其中，财政发挥的作用不容忽视。

统计显示，2012 年至 2023 年，财政科技支出从 5600 亿元增长到 10567 亿元，增速高于一般公共预算收入。我国综合运用税收优惠、政府采购、资产管理、财政金融等政策工具，对科技创新、产品创新和产业升级形成了多维度、全方位支持。2023 年，国家激励企业加大研发投入的税收优惠政策不断"加码"，且发力更加精准、流程更加简洁，全年企业累计享受研发费用加计扣除金额达 1.85 万亿元，同比增长 13.6%。其中制造业企业享受加计扣除金额 1.1 万亿元，占比近六成。可以说，在推动基础研究、攻关核心关键技术、培育国家战略科技力量等方面，财政发挥了重要支撑作用。

与传统生产力相比，新质生产力涵盖更多原创性、颠覆性的基础理论创新和处在发展"无人区"的前沿科技。这意味着发展新质生产力可能面临更大不确定性，在部分领域甚至存在失败的风险。为激发全社会大力发展新质生产力的积极性和主动性，需切实发挥财政在对冲不确定性、提供重大科技基础设施等方面的积极作用。

发展新质生产力，基于强大的基础研究和关键共性技术。近年来，我国在创新驱动发展战略实施过程中，不断深化财政科技经费分配使用机制改革，取得明显进展。为更好支持新质生产力发展，中央财政将进一步加大对基础研究、应用基础研究和前沿研究的投入力度，支持提升原始创新能力。将以国家实验室、国家科研机构、高水平研究型大学、科技领军企业为重点，支持强化国家战略科技力量。大力支持保障打赢关键核心技术攻坚战，支持布局一批国家科技重大项目，推动创新链、产业链、资金链、人才链的深度融合。

发展新质生产力，同样离不开各类经营主体的创新意识和创新行为，尤其要强化企业的创新主体地位。作为一种先进生产力质态，新质生产力不仅会带来经济发展质量、效率、动力的深层次变革，还将重塑企业的业务结构和竞争优势。企业具有主动培育新质生产力的内在驱动力，财政需更好发挥引导激励功能。近年来，财政实施了一系列针对经营主体创新行为的激励措施，在引导企业加大研发投入、优化产品结构、推动业务转型等方面产生了积极影响。进一步完善结构性减税降费政策，充分发挥财政资金"四两拨千斤"的撬动作用，将推动金融资源和社会资本更多投向科技创新，引导项目、资金、人才、基地等创新资源向企业倾斜。依托国内超大规模市场优势，更大力度推动创新成果应用迭代，落实完善首台（套）重大技术装备、新材料首批次应用保险补偿政策，以市场化方式破解新质生产力导入初期可能面临的规模经济瓶颈。

另外，针对产业链、供应链的短板弱项，可通过整合优化相关财政专项、落实"专精特新"财政支持政策、加快推进职务科技成果所有权或长期使用权改革试点等举措，鼓励、引导更多企业和科研人员开展科研攻关，进一步激发全社会的创新活力。

当前，我国正处在经济复苏和产业转型升级的关键期，面临的不确定难预期因素仍然较多。在此背景下，财政从多层面、多角度采取有力有效举措推动新质生产力发展，将有助于加快现代化产业体系建设，提升我国自主创新能力和核心竞争力。

《经济日报》（2024 年 02 月 24 日第 05 版）

深刻领会发展新质生产力的方法论

经济日报评论员

2024 年 3 月 5 日，习近平总书记在参加他所在的十四届全国人大二次会议江苏代表团审议时发表重要讲话，聚焦新质生产力作出科学部署，凸显了对这一事关大局的战略任务的高度重视，同时提出的"坚持从实际出发，先立后破、因地制宜、分类指导"的一些基本原则，为各地区、各部门谋划发展新质生产力提供了方法论，指明了不断塑造发展新动能新优势的方向和路径。

生产力是推动社会进步最活跃、最革命的要素。高质量发展需要新的生产力理论来指导，而新质生产力已经在实践中形成并展示出对高质量发展的强劲推动力、支撑力，需要我们从理论上进行总结、概括，用以指导新的发展实践。新质生产力是创新起主导作用，同时也要深刻认识到，它并非一般性的科技创新所能推动，更多是由具备原创性、颠覆性、融合性，且对经济社会发展影响广泛而深远的前沿科技创新所驱动而来。在新一轮科技革命和产业变革加速演进、主要国家竞争空前激烈的大背景下，加大创新力度、培育壮大新兴产业、超前布局建设未来产业、完善现代化产业体系等，更需要以时不我待的紧迫感加快推进。这是赢得发展主动权的必然选择。

事关重大，形势紧迫，就不能犯方向性的错误，贻误发展时机。脱离实事求是、因地制宜原则，"什么热门就投什么"，或毫无重点地"撒胡椒面"，强行推动战略性新兴产业和未来产业发展，可能会导致项目投资过多、产能过剩严重等现象出现，进而迫使市场陷入内卷，结果不仅发展不了新质生产力，还会对地方经济社会发展产生严重的消极作用。在巩固和增强经济回升向好态势的重要阶段，习近平总书记提出的"要防止一哄而上、泡沫化，也不要搞一种模式"的警醒极其必要且关键。

深入学习领会发展新质生产力的方法论，就要深刻把握新质生产力的时代内涵、核心要义、本质要求，深入结合各地的资源禀赋、产业基础、科研条件等，有选择地推动新产业、新模式、新动能发展，用新技术改造提升传统产业，积极促进产业高端化、智能化、绿色化。经济大省更要勇挑大梁，充分调动各方面的积极性主动性创造性，以更具前瞻的战略眼光、更加有效的务实举措、更为积极的主动作为，把科学部署转化为顶用管用实用的政策，努力成为发展新质生产力的重要阵地，以自身的探索探路带动全国高质量发展的突破突围。

《经济日报》（2024 年 03 月 06 日第 02 版）

发展新质生产力要从实际出发

金观平

"要牢牢把握高质量发展这个首要任务，因地制宜发展新质生产力。"今年全国两会期间，习近平总书记的重要讲话为各地发展新质生产力指明了方向。

因地制宜，是靠山吃山、靠水吃水的务实选择。我国幅员辽阔，不同地区的资源禀赋、产业基础、科研条件各不相同。青海有大量盐湖，用先进技术高效提取盐湖中的锂资源，可推动盐湖开发与新能源、新材料产业融合发展。海南地处热带，五指山以南区域冬季气温超 16 摄氏度，为现代农业育种提供了"天然大温室"。长三角地区产业基础雄厚、人才资源足、科教实力强、营商环境好，有实力加强科技创新和产业创新深度融合，可打造具有国际竞争力的战略性新兴产业集群。只有从实际出发，先立后破、因地制宜、分类指导，探索各具特色的发展模式，差异化发展新质生产力，才能让每个地区都各展所长、优势互补，赢得高质量发展的主动权。

需要注意的是，因地制宜发展新质生产力，并不是传统经验里的靠山吃山、靠水吃水。新质生产力由技术革命性突破、生产要素创新性配置、产业深度转型升级而催生，特点是创新，关键在质优，本质是先进生产力。也就是说，山还是那座山，水还是那片水，但是靠山吃山、靠水吃水的方式方法要与时俱进，要创新发展，要提质升级。

要以科技创新为引领。升级传统产业、壮大新兴产业、培育未来产业，都离不开科技创新的引领。在发展新质生产力过程中，科技创新越来越显现出核心要素的作用。因地制宜发展新质生产力，首先要在依据本地禀赋确定发展重点方向的基础上，努力推进高水平科技自立自强，并建立以企业为主导、需求为牵引、产学研协同创新的科技成果转化机制，实现产业链与创新链的"共融共舞"。

要以实体经济为支撑。实体经济是直接创造社会财富的经济活动，是现代产业体系的基础。新质生产力不是空中楼阁，需厚植实体经济根基，根深才能叶茂。发展新质生产力不能忽视、放弃传统产业。传统产业是不少地方的特色产业，对当地的经济基础、民生就业等起着稳定器作用。各地要坚持新兴产业和传统产业融合发展，以技改和数字化为抓手，推动传统产业向高端化、智能化、绿色化迈进，在这个过程中自然淘汰落后产能，方能做到稳中求进。

要以深化改革为动力。加快发展新质生产力，有助于我们在未来发展和国际竞争中赢得战略主动。面对新一轮科技革命和产业变革，各地必须抢抓机遇，靠改革赢得先机。要深化科技体制、教育体制、人才体制等改革，打通束缚新质生产力发展的堵点卡点。要围绕构建高水平社会主义市场经济体制，加快完善产权保护、市场准入、公平竞争、社会信用等市场经济基础制度。要针对各地发展中遇到的具体难点来深化改革，为新质生产力的发展持续注入强劲动力。

因地制宜发展新质生产力，落子在"实"，特点在"新"，关键在"优"。各地要察实情、出实招、求实效，挖掘区位优势，培育各具特色的先进产业集群，加快发展新质生产力。

《经济日报》（2024 年 03 月 13 日第 01 版）

因地制宜发展新质生产力

李 莹

发展新质生产力是推动高质量发展的内在要求和重要着力点。习近平总书记在参加十四届全国人大二次会议江苏代表团审议时强调，各地要坚持从实际出发，先立后破、因地制宜、分类指导，根据本地的资源禀赋、产业基础、科研条件等，有选择地推动新产业、新模式、新动能发展，用新技术改造提升传统产业，积极促进产业高端化、智能化、绿色化。

从 2023 年 9 月在黑龙江考察时提出"新质生产力"，到在中央经济工作会议上强调"发展新质生产力"，到中央政治局集体学习时作出系统阐述，再到此次参加江苏代表团审议时强调因地制宜发展新质生产力，习近平总书记关于发展新质生产力的一系列重要论述、一系列重大部署，深刻回答了"什么是新质生产力、为什么要发展新质生产力、怎样发展新质生产力"的重大理论和实践问题，为发展新质生产力提供了基本遵循、指明了方法路径。

新质生产力提出以来，受到社会各界高度关注。各地区各部门纷纷谋划布局，加快形成和发展新质生产力，推动高质量发展向"新"出发。发展新质生产力是一项系统工程，不能盲目跟风、一哄而上，不能急于求成，更不能简单复制粘贴一种模式，必须坚持从实际出发，从新质生产力的形成条件入手，考虑周全、谋定后动。

科学认识和把握"新"与"旧"、新质生产力与传统产业的关系。新质生产力既是传统产业的升级改造，也是战略性新兴产业的培育壮大和未来产业的前瞻谋划。发展新质生产力并非忽视或放弃传统产业，而是用新技术改造提升传统产业，积极促进产业高端化、智能化、绿色化，统筹推进传统产业升级、新兴产业壮大、未来产业培育。否则，不仅会"把手里吃饭的家伙先扔了"，还会"什么热门就投什么"或毫无重点地"撒胡椒面"，造成资源浪费和新的过剩产能。在新的经济增长模式尚未完全建立的情况下，不能脱离实际、急功近利，也不能因循守旧、故步自封，而是要在稳定经济增长的同时，积极推进新质生产力的发展。只有确保新旧动能有序转换，才能避免经济出现大的波动，实现平稳健康发展。

制定符合自身特点的发展策略，充分激发内生动力。各地资源禀赋、产业基础、科研条件千差万别，发展过程中不能一刀切、齐步走，要立足差异化创新能力和产业需求，统筹推进科技创新和产业创新。科研基础雄厚、创新能力强的地区，应紧跟全球科技发展趋势，聚焦人工智能、大数据、云计算、生物技术等前沿领域，加大研发投入，突破核心技术。以传统产业为主导的地区，要注重改造提升，加快汇聚产学研用资源，推动创新链、产业链"共融共舞"。同时，加强区域合作，实现资源共享、优势互补，共同打造具有国际竞争力的产业集群。

针对不同地区、不同行业、不同企业进行分类指导，实现精准施策。不同地方的发展阶段不同，新质生产力发展也会呈现不同的区域特征。实现加快形成和发展新质生产力的目标，要根据实际情况和具体问题，因地制宜地采取相应的措施和方法，科学选择发展新质生产力的路径和方式。东部地区经济基础较好，应鼓励其发挥示范引领作用，加大科技创新力度，发展高端制造业和现代服务业。注重提升传统产业，推动传统产业升级改造，实现新旧动能有序转换。中西部地区资源禀赋各异，产业基础相对薄弱，应鼓励其立足自身实际，发挥比较优势，发展特色产业和优势产业。注重引进先进技术和管理经验，提升产业层次和竞争力，实现跨越式发展。

《学习时报》（2024 年 03 月 08 日第 01 版）

理论茶座

加快形成新质生产力

政武经

创新是引领发展的第一动力，加快科技创新是推动高质量发展的必然要求。今年 9 月，习近平总书记在黑龙江考察时提出"新质生产力"，为新时代新征程加快科技创新、推动高质量发展提供了科学指引。我们要深刻认识和把握新质生产力的内涵和特点，加快形成新质生产力。

深刻认识和把握新质生产力

习近平总书记指出："整合科技创新资源，引领发展战略性新兴产业和未来产业，加快形成新质生产力。""积极培育新能源、新材料、先进制造、电子信息等战略性新兴产业，积极培育未来产业，加快形成新质生产力，增强发展新动能。"习近平总书记的重要论述，为我们认识和把握新质生产力提供了根本遵循。新质生产力是代表新技术、创造新价值、适应新产业、重塑新动能的新型生产力，发展新质生产力是夯实全面建设社会主义现代化国家物质技术基础的重要举措。

形成新质生产力需要壮大战略性新兴产业、积极发展未来产业。战略性新兴产业知识技术密集、物质资源消耗少、成长潜力大、综合效益好，是具有重大引领带动作用的产业，包括新一代信息技术、生物技术、新能源、新材料、高端装备、新能源汽车、绿色环保以及空天海洋产业等。2022年，我国战略性新兴产业增加值占国内生产总值比重超过13%，其中规模以上工业战略性新兴产业增加值增速快于规模以上工业增加值增速。战略性新兴产业处在科技和经济发展前沿，对经济社会全局和长远发展具有重大引领带动作用，在很大程度上决定着一个国家或地区的综合实力特别是核心竞争力。未来产业代表着未来科技和产业发展新方向，是在新一轮科技革命和产业变革中赢得先机的关键所在，是全球创新版图和经济格局变迁中最活跃的力量，是实现创新引领发展的重要抓手。"十四五"规划纲要提出"前瞻谋划未来产业"。对未来产业不仅要精准"选种"、精心"播种"，更要悉心"育种"、用心"培苗"，让其更好生根发芽、苗壮成长。

加快形成新质生产力是塑造发展新动能新优势的必然要求。人类历史上每一次重大科技进步，都带来经济社会发展的量变与质变。进入21世纪以来，全球科技创新进入空前密集活跃的时期，科技对国家命运、经济社会发展和百姓民生的影响范围之大、程度之深前所未有。如何挺立时代潮头、破解发展难题？必须向科技创新要答案。谁在科技创新上先行一步，谁就能拥有引领发展的主动权。新质生产力是科技创新在其中起主导作用的生产力，是符合高质量发展要求的生产力。其主要载体是产业，核心引擎是创新。新质生产力的"新"主要包括四个维度：一是新劳动者。不同于传统以简单重复劳动为主的普通技术工人，参与新质生产力的劳动者是能够充分利用现代技术、适应现代高端先进设备、具有知识快速迭代能力的新型人才。二是新劳动对象。与新质生产力相适应的劳动资料和劳动对象，不仅包括物质形态的高端智能设备，还包括数据等新型生产要素和新劳动对象。三是新劳动工具，如人工智能、虚拟现实和增强现实设备、自动化制造设备等。四是新型基础设施。要适应科技创新范式变革、模式重构的新需求，统筹布局大科学装置，围绕促进战略性新兴产业和未来产业发展，优化升级传统基础设施，完善新型基础设施。

以数字化和绿色化加快形成新质生产力

当前，数字化和绿色化是新一轮科技革命和产业变革的两个重要趋势，为加快形成新质生产力提供了重要赛道。其中，以人工智能、量子信息、移动通信、物联网、区块链等为代表的信息技术加速突破应用，促进数字经济与实体经济深度融合，加速重塑产业形态和商业模式，正在成为改变全球竞争格局的关键力量，为加快形成新质生产力提供了重要支撑。绿色发展是高质量发展的底色，是新一轮科技革命和产业变革中最富前景的发展领域，不仅能够为经济社会发展创造增长新亮点，而且能够造福子孙后代，是加快形成新质生产力的重要方向。抓住历史性机遇，推动数字化和绿色化协同发展，加快形成新质生产力，有利于推动建设现代化经济体系、构建新发展格局、以高质量发展推进中国式现代化。加快形成新质生产力，可以在以下四个方面着力。

深入实施创新驱动发展战略。创新驱动高质量发展是加快形成新质生产力的关键。新质生产力的"新"源自科技创新，是以科技创新为引擎和内生动力的生产力。党的十八大以来，我国科技创新取得历史性成就，科技实力正在从量的积累迈向质的飞跃、从点的突破迈向系统能力提升，进入创新型国家行列。根据世界知识产权组织（WIPO）发布的《2023年全球创新指数》，我国是前30名中唯一的中等收入经济体，排名第十二位，在全球五大科技集群中占据三席。2022年，我国研发人员总量超过600万人年，研发经费投入超过3万亿元，投入强度为2.54%；发明专利有效量达到421.2万件，居世界第一；企业的科技创新主体地位进一步提升，高新技术企业数量从2012年的3.9万家增长至2022年的40万家。也要看到，我国科技领域仍然存在一些亟待解决的突出问题，如重大原创性成果缺乏、底层基础技术和工艺能力不足、理论科学研究落后于实验科学研究等。面对新形势新任务，要洞察全球科技创新趋势，利用全球科技创新资源，加强科技交流合作，进一步深化原始创新和集成创新。突出前瞻性、战略性需求导向，把握科技发展趋势和国家战略需求，坚持目标导向和自由探索"两条腿走路"，持之以恒加强基础研究，努力创造更多"从0到1"的原创性成果。以关键共性技术、前沿引领技术、现代工程技术、颠覆性技术创新为突破口，优化资源配置和布局结构，实现关键核心技术自主可控。围绕战略性新兴产业和未来产业提高创业服务水平，培育更多"独角兽"企业和"隐形冠军"，以创新带动创业、以创业壮大产业。

大力推进制度创新。深化科技体制改革，破除体制机制障碍，有利于加快形成新质生产力。要用好我国集中力量办大事的制度优势与超大规模市场优势，健全新型举国体制，聚焦经济建设和事关国家发展与安全的重大科技问题，解决"近忧"、兼顾"远虑"，打赢关键核心技术攻坚战，开辟创新驱动高质量发展新赛道，建设世界级产业集群。加大基础研究财政投入，通过扩大减税激励、支持设立科学基金、科学捐赠等多种方式鼓励社会力量加大基础研究投入，健全支持原始创新的体制机制。构建高效协同的技术创新体系，推动国家战略科技力量协调联动、各司其职、集中攻关。促进产学研用深度融合，推动产业链上下游、大中小企业融通协同创新，形成利益共享、风险共担的合作机制。破解实现技术突破、产品制造、市场模式、产业发展"一条龙"转化的瓶颈，让创新链产业链实现良性循环。以更加开放的姿态加强国际科技交流，积极参与全球创新网络，吸收借鉴世界各国有益于生产力发展的制度创新成果。

进一步强化人才支撑。创新驱动本质上是人才驱动。加快形成新质生产力，需要充分调动和激发人的积极性主动性创造性。要推动创新链产业链资金链人才链深度融合，加快形成与新质生产力发展需求相适应的人才结构，促进人口红利向人才红利转变。深入实施人才强国战略，培养造就更多大师、战略科学家、一流科技领军人才和创新团队等，打好"引才、育才、用才"组合拳，大力弘扬科学精神。着力提高人才自主培养质量，突出高精尖导向，培养造就适应国家战略需要、引领经济社会发展潮流的拔尖人才和紧缺人才。健全产学研协同育人机制，培养符合学科交叉、产业融合发展趋势的复合型人才，特别是具备科技背景、熟悉市场运作、掌握企业管理技能的高水平创新创业人才。优化长效激励机制，为人才成长和发展提供宽松环境和广阔空间，为科研人员"减负松绑"，进一步激发其创新创造活力。破除对学历、资历、头衔等的盲目迷信，探索更加合理全面的人才聘用制度，支持青年科技人才在国家重大科技任务、关键核心技术攻关和应急科技攻关中"挑大梁""当主角"，给予青年科技人才更多机会和更宽阔平台。加快形成新质生产力，不仅需要"高精尖缺"科技人才，还要有一大批高素质技术技能人才、大国工匠、能工巧匠等。要深化职业教育供给侧结构性改革，推进职普融通、产教融合、科教融汇，完善终身职业技能培训制度，大力弘扬劳模精神和工匠精神。要实行更加积极、更加开放、更加有效的人才引进政策，充分发挥龙头企业、高等院校等的引才聚才平台功能，形成具有吸引力和国际竞争力的人才制度体系。

更好发挥资本赋能作用。创新始于技术，成于资本。资本是带动各类生产要素集聚配置的重要纽带。加快形成新质生产力离不开金融"活水"的灌溉，特别是资本市场的支持。资本市场可以对创新型企业进行筛选、发现和培育，引领产业转型升级，有效分散技术创新风险；能够拓宽创新型企业融资渠道，缓解创新活动的融资约束，通过并购重组、要素流动等方式，实现创新资源的优化配置，提高创新效率；能够有效聚集各类创新要素并使其高效流动，为企业创新注入源源不断的内生动力。要大力发展科技金融，促进科技、产业、金融良性循环。当前，发挥资本促进新质生产力发展的积极作用，要健全多层次资本市场，完善科技金融制度设计，发挥资本市场在激励创新创业、推动产业升级、优化公司治理等方面的积极作用。大力发展创业风险投资，培育科技型、创新型企业，支持制造业单项冠军、专精特新"小巨人"等企业发展壮大。完善并购重组制度，提高创新资源整合和创新资本循环的效率。提升上市公司、股东及相关信息披露义务人信息披露的真实性、规范性、准确性、完整性、主动性、针对性和有效性，提高信息披露质量。坚持市场化、法治化方向，夯实资本市场诚信基础，完善"有进有出"的优胜劣汰机制，严格执行强制退市制度，提高违法成本，让法律成为"长牙齿的老虎"，进一步提高上市公司质量。

《人民日报》（2023年11月09日第13版）

建设现代化产业体系

史　丹

习近平总书记在主持召开新时代推动东北全面振兴座谈会时强调："积极培育新能源、新材料、先进制造、电子信息等战略性新兴产业，积极培育未来产业，加快形成新质生产力，增强发展新动能。"产业是发展的根基，加快形成新质生产力必须建设现代化产业体系。党的二十大报告对"建设现代化产业体系"作出战略部署，二十届中央财经委员会第一次会议提出"推进产业智能化、绿色化、融合化，建设具有完整性、先进性、安全性的现代化产业体系"。这为我们建设现代化产业体系提供了科学指引。

抓住新一轮科技革命和产业变革机遇，推动产业智能化发展

产业的兴起、发展与科技创新紧密相关。当前，新一轮科技革命和产业变革方兴未艾，通用人工智能、生命科学、新能源等前沿

技术正在深刻改变着工业生产函数，引领产业发展的新方向、开辟产业发展的新赛道。只有紧紧跟踪并把握科技前沿变化，才能把创新主动权、发展主动权牢牢掌握在自己手中。同时也要看到，一段时间以来，一些国家为了利用其技术优势控制产业链价值链，遏制别国发展，大搞单边制裁、极限施压，干扰全球产业分工，在高技术领域构筑"小院高墙"，极力阻碍我国科技进步和产业发展。这也说明，只有抓住机遇推动产业升级、不断提高竞争力，才能提升我国产业链供应链韧性和安全水平。

在这一背景下，积极推进产业智能化发展，不仅有利于抢占新一轮科技革命形成的产业高地，推动我国产业迈向全球价值链中高端，而且有利于提升我国产业整体实力、质量效益，增强我国的生存力、竞争力、发展力、持续力。

当前，我国在 5G、量子力学等领域的发展处于世界前列，拥有超大规模市场、庞大的工程师队伍、产业体系完备和配套能力强等多方面优势。这为我们积极推进产业智能化发展提供了有利条件。要抓住新一轮科技革命和产业变革带来的机遇，积极推进产业数字化转型，努力抢占全球产业体系智能化的战略制高点。推动数字基础设施建设，协同推进数字产业化和产业数字化转型，创造与数字经济发展相适应的法律法规制度体系和市场环境，促进数字经济新业态发展。进一步深化科技体制改革，努力在原始创新上取得新突破，在重要科技领域实现跨越发展，强化产业基础再造和重大技术装备攻关。企业是科技创新主体，也是推进产业智能化发展的重要力量。要进一步激励企业加大研发投入，把产业体系和创新体系更好融会贯通起来；有针对性地为企业提供数字化转型公共服务，加强数字技能教育培训，提升全民数字素养和技能，为企业培养更多数字人才；发挥大企业数字化转型的示范作用，通过供应链等渠道带动中小企业数字化转型。

走生态优先、绿色发展之路，推动产业绿色化发展

绿色循环低碳发展是当今时代科技革命和产业变革的方向，是最有前途的发展领域，也是实现高质量发展的关键环节。建设现代化产业体系，必须坚持绿色发展理念，抓住全球绿色经济、绿色技术、绿色产业快速发展的机遇，用好绿色发展政策工具，一方面积极稳妥推进碳达峰、碳中和，另一方面在绿色转型发展中培育新的竞争优势。

党的十八大以来，我国将碳达峰、碳中和纳入经济社会发展全局，构建完成碳达峰、碳中和"1+N"政策体系，各行业各企业围绕碳达峰、碳中和目标落实政策措施、强化务实行动，推动我国产业发展加速向绿色低碳转型。把握全球绿色发展的大趋势，推动我国产业绿色化发展，是推动高质量发展的内在要求，有利于积极稳妥推进碳达峰碳中和、积极应对气候变化和保护生态环境，也有利于在绿色转型中培育发展新动能。我们要坚定不移走生态优先、绿色发展之路，加快发展绿色低碳产业、大力发展绿色金融，充分利用碳交易、可再生能源绿色电力证书（绿证）、环境保护税等市场化和财税手段，加快先进绿色技术推广应用，大力发展绿色供应链；同时，增强产业政策协同性，有效调动各方积极性，从政策、要素、

技术、市场等多方面推动产业绿色化发展，努力培育新的产业竞争优势。

适应产业发展新趋势，推动产业融合化发展

当前，产业发展及其对经济增长的拉动方式正在发生变化。回顾过去几次科技革命，往往是技术进步在某个行业或领域形成重大技术突破，带动这些行业或领域实现创新性发展，取得创新性突破的产业交替成为拉动经济增长的主导产业，经济增长的动力来源于分工的不断深化。比如，蒸汽机、内燃机的发明分别催生出纺织行业、汽车行业等，它们快速发展并成为拉动当时经济增长的主导产业。与以往不同，新一轮科技革命属于通用性科技革命。随着以人工智能、云计算、区块链、大数据等为代表的数字技术迅猛发展，在数字产业快速发展的过程中，数据也作为新型生产要素快速融入生产、分配、流通、消费和社会服务管理等各环节，极大改变了各行各业的技术经济范式，推动产业发展由分工深化逐步走向相互融合，催生新产业、新业态和新模式，生成新的经济增长点。

产业融合化也将改变产业结构与经济增长方式。随着产业融合化发展的深入推进，经济增长可能不再局限于某个产业或某个部门单方面的快速发展，而表现为各行业之间的协同与融合，从提升服务质量、提高资源利用效率、满足多样化需求等方面共同提高经济发展质量。

近年来，我国产业融合化发展进程加速，对经济增长的贡献逐步上升，制造业服务化水平上升，供需协同性大大提升，人民群众

的消费水平和生活品质也有了大幅提升。产业融合化发展推动生产组织和社会分工向网络化、扁平化、平台化转变，促进以平台企业为主导的新业态加快形成；催生了平台化设计、智能化制造、网络化组织、个性化定制、数字化管理等新模式，加深了产业之间的联系；促进提升产业与城市发展的协同性，对于区域协调发展具有积极作用。面向未来，广泛运用先进科学技术，持续破除市场准入壁垒，构建并完善与产业融合化发展相适应的体制机制，将进一步促进新产业新业态新模式发展。

为加快形成新质生产力奠定产业基础

当前，我国是全世界唯一拥有联合国产业分类中全部工业门类的国家，220多种工业产品产量居世界首位，建成了全球最大的5G网络、高速铁路网、高速公路网、网络零售市场。但同时，我国产业发展仍处在全球价值链中低端，还存在关键核心技术"卡脖子"问题等。新征程上，我们要坚持以习近平新时代中国特色社会主义思想为指导，贯彻落实习近平经济思想，坚持把发展经济的着力点放在实体经济上，补齐产业发展短板弱项，建设具有完整性、先进性、安全性的现代化产业体系，为加快形成新质生产力奠定坚实产业基础，推动我国在未来发展和国际竞争中赢得战略主动。

健全现代化的基础设施。基础设施是产业发展不可或缺的公共品，是现代化产业体系的重要组成部分。产业在地理空间上的集聚，特别是专业化供应商、服务供应商、金融机构、相关产业的厂商及其他相关机构等在一定空间上集聚集群发展，可以大幅提高基础设施利用效率，有效降低集群产业的生产成本、配套成本及物流交易成本，并产生技术、知识与信息的外溢和共享。因此，要坚持以整体优化、协同融合为导向，统筹存量和增量、传统和新型基础设施发展，打造集约高效、经济适用、智能绿色、安全可靠的现代化基础设施体系，为我国产业转型升级、实现集群化发展创造有利条件。

补齐产业发展短板弱项。紧紧抓住制约高质量发展的关键核心技术开展科研攻关，推动短板产业补链、优势产业延链、传统产业升链、新兴产业建链，增强产业发展的接续性和竞争力。充分尊重科研规律，完善科研资源配置方式，促进科技成果转移转化，从制度上落实企业科技创新主体地位。健全关键核心技术攻关新型举国体制，把政府、市场、社会有机结合起来，科学统筹、集中力量、优化机制、协同攻关。

加强产业链供应链开放合作。加强产业链供应链开放合作，有利于改善我国生产要素质量和配置水平，塑造我国企业参与国际合作和竞争新优势。要进一步深化改革，加快构建全国统一大市场，破除地方保护壁垒，推动重点产业有序转移，优化生产力国内布局。坚持全球视野、开放思维，对标国际高标准经贸规则，积极营造良好的营商环境，支持企业深度参与全球产业分工合作，促进内外产业深度融合，推动产业高水平开放，努力在国际竞争中推动产业体系高质量发展。

《人民日报》（2023 年 11 月 24 日第 09 版）

新质生产力的内涵特征和发展重点

习近平经济思想研究中心

高质量发展是新时代的硬道理，需要新的生产力理论来指导。习近平总书记在中共中央政治局第十一次集体学习时强调："发展新质生产力是推动高质量发展的内在要求和重要着力点""新质生产力已经在实践中形成并展示出对高质量发展的强劲推动力、支撑力"。习近平总书记的重要论述，丰富发展了马克思主义生产力理论，深化了对生产力发展规律的认识，进一步丰富了习近平经济思想的内涵，为开辟发展新领域新赛道、塑造发展新动能新优势提供了科学指引。加快发展新质生产力，是新时代新征程解放和发展生产力的客观要求，是推动生产力迭代升级、实现现代化的必然选择。

深刻认识新质生产力的基本内涵

新质生产力代表先进生产力的演进方向，是由技术革命性突破、生产要素创新性配置、产业深度转型升级而催生的先进生产力质态。新质生产力以劳动者、劳动资料、劳动对象及其优化组合的跃升为基本内涵，具有强大发展动能，能够引领创造新的社会生产时代。

更高素质的劳动者是新质生产力的第一要素。人是生产力中最活跃、最具决定意义的因素，新质生产力对劳动者的知识和技能提出更高要求。发展新质生产力，需要能够创造新质生产力的战略人才，他们引领世界科技前沿、创新创造新型生产工具，包括在颠覆性科学认识和技术创造方面作出重大突破的顶尖科技人才，在基础研究和关键核心技术领域作出突出贡献的一流科技领军人才和青年科技人才；需要能够熟练掌握新质生产资料的应用型人才，他们具备多维知识结构、熟练掌握新型生产工具，包括以卓越工程师为代表的工程技术人才和以大国工匠为代表的技术工人。

更高技术含量的劳动资料是新质生产力的动力源泉。生产工具的科技属性强弱是辨别新质生产力和传统生产力的显著标志。新一代信息技术、先进制造技术、新材料技术等融合应用，孕育出一大批更智能、更高效、更低碳、更安全的新型生产工具，进一步解放了劳动者，削弱了自然条件对生产活动的限制，极大拓展了生产空间，为形成新质生产力提供了物质条件。特别是工业互联网、工业软件等非实体形态生产工具的广泛应用，极大丰富了生产工具的表现形态，促进制造流程走向智能化、制造范式从规模生产转向规模定制，推动生产力跃上新台阶。

更广范围的劳动对象是新质生产力的物质基础。劳动对象是生产活动的基础和前提。得益于科技创新的广度延伸、深度拓展、精度提高和速度加快，劳动对象的种类和形态大大拓展。一方面，人类从自然界获取物质和能量的手段更加先进，利用和改造自然的范围扩展至深空、深海、深地等；另一方面，人类通过劳动不断创造新的物质资料，并转化为劳动对象，大幅提高了生产率。比如，数据作为新型生产要素成为重要劳动对象，既直接创造社会价值，又通过与其他生产要素的结合、融合进一步放大价值创造效应。

劳动者、劳动资料、劳动对象和科学技术、管理等要素，都是生产力形成过程中不可或缺的。只有生产力诸要素实现高效协同，才能迸发出更强大的生产力。在一系列新技术驱动下，新质生产力引领带动生产主体、生产工具、生产对象和生产方式变革调整，推动劳动力、资本、土地、知识、技术、管理、数据等要素便捷化流动、网络化共享、系统化整合、协作化开发和高效化利用，能够有效降低交易成本，大幅提升资源配置效率和全要素生产率。

深刻把握新质生产力的主要特征

与传统生产力形成鲜明对比，新质生产力是创新起主导作用，摆脱传统经济增长方式、生产力发展路径的先进生产力，具有高科技、高效能、高质量特征。

以创新为第一动力，形成高科技的生产力。科技创新深刻重塑生产力基本要素，催生新产业新业态，推动生产力向更高级、更先进的质态演进。新质生产力是科技创新在其中发挥主导作用的生产力，要以重大科技创新为引领，推动创新链产业链资金链人才链深度融合，加快科技创新成果向现实生产力转化。近年来，我国科技创新能力稳步提高，在载人航天、量子信息、核电技术、大飞机制造等领域取得一系列重大成果，进入创新型国家行列，具备了加快发展新质生产力的基础条件。

以战略性新兴产业和未来产业为主要载体，形成高效能的生产力。产业是生产力变革的具体表现形式，主导产业和支柱产业持续迭代升级是生产力跃迁的重要支撑。作为引领产业升级和未来发展的新支柱、新赛道，战略性新兴产业和未来产业的效能更高，具有创新活跃、技术密集、价值高端、前景广阔等特点，为新质生产力发展壮大提供了巨大空间。近年来，我国战略性新兴产业蓬勃发展，2022年增加值占国内生产总值比重超过13%，新能源汽车、锂电池、光伏产品等重点领域加快发展，在数字经济等新兴领域形成一定领先优势。我国前瞻谋划未来产业发展，促进技术创新、研发模式、生产方式、业务模式、组织结构等全面革新，发展新质生产力的产业基础不断夯实。

以新供给与新需求高水平动态平衡为落脚点，形成高质量的生产力。供需有效匹配是社会大生产良性循环的重要标志。社会供给能力和需求实现程度受生产力发展状况制约，依托高水平的生产力才能实现高水平的供需动态平衡。当前，我国大部分领域"有没有"的问题基本解决，"好不好"的问题日益凸显，客观上要求形成需求牵引供给、供给创造需求的新平衡。一方面，新需求对供给升级提出更高要求，牵引和激发新供给，撬动生产力跃升；另一方面，基于新质生产力形成的新供给，能够提供更多高品质、高性能、高可靠性、高安全性、高环保性的产品和服务，更好满足和创造有效需求。加快发展新质生产力，符合高质量发展的要求，有助于实现国民经济良性循环，更好发挥超大规模市场优势，增强经济增长和社会发展的持续性。

着力为发展新质生产力蓄势赋能

培育壮大新质生产力是一项长期任务和系统工程。我们要坚持系统观念，坚持以实体经济为根基，以科技创新为核心，以产业升级为方向，着力推动劳动者、劳动资料、劳动对象及其优化组合的跃升和质变。

正确处理新质生产力发展中的一系列重大关系。一是处理好生产力和生产关系之间的关系。形成适应新质生产力发展要求的新型生产关系，充分发挥市场在资源配置中的决定性作用，更好发挥政府作用，加快构建有利于新质生产力发展的体制机制。二是处理好新质生产力诸要素之间的关系。发挥科技创新的支撑引领作用，多管齐下培育新型劳动者、创造新型生产工具、拓展新的劳动对象，促进新质生产力诸要素实现高效协同匹配。三是处理好自主创新和开放创新之间的关系。坚持自主创新与开放创新协同共进，在开放环境下大力推进自主创新，用好全球创新资源，加快建设具有全球竞争力的开放创新生态。四是处理好新质生产力和传统生产力之间的关系。统筹推进二者发展，及时将科技创新成果应用于具体产业和产业链，一手抓培育壮大新兴产业和布局建设未来产业，一手抓改造提升传统产业，建设具有完整性、先进性、安全性的现代化产业体系。

培育新型劳动者队伍。推动教育、科技、人才有效贯通、融合发展，打造与新质生产力发展相匹配的新型劳动者队伍，激发劳动者的创造力和能动性。坚持教育优先发展，着力造就拔尖创新人才，培养造就更多战略科学家、一流科技领军人才以及具有国际竞争力的青年科技人才后备军。探索形成中国特色、世界水平的工程师培养体系，推进职普融通、产教融合、科教融汇，探索实行高校和企业联合培养高素质复合型工科人才的有效机制，源源不断培养高素质技术技能人才。实施更加积极、更加开放、更加有效的人才政策，探索建立与国际接轨的全球人才招聘制度，加大国家科技计划对外开放力度，鼓励在华外资企业、外籍科学技术人员等承担和参与科技计划项目，为全球各类人才搭建干事创业的平台。

创造和应用更高技术含量的劳动资料。深入实施创新驱动发展战略，牢牢扭住自主创新这个"牛鼻子"，推动劳动资料迭代升级。充分发挥国家作为重大科技创新组织者的作用，以国家战略需求为导向，整合科技创新资源，集聚各方力量进行原创性、引领性科技攻关，打造更多引领新质生产力发展的"硬科技"。充分发挥企业作为研发应用新型生产工具主力军的作用，加强创新要素集成和科技成果转化，构建龙头企业牵头、高校院所支撑、各创新主体相互协同的创新联合体，加快科技成果向现实生产力转化。促进数字经济和实体经济深度融合，纵深推进产业数字化转型，加强人工智能、大数据、物联网、工业互联网等数字技术融合应用，大力推广应用数字化、网络化、智能化生产工具，加快建设数字化车间和智能制造示范工厂。

拓展更广范围的劳动对象。以培育壮大战略性新兴产业和未来产业为重点，拓展劳动对象的种类和形态，能够不断开辟生产活动的新领域新赛道，夯实发展新质生产力的物质基础。要深入实施国家战略性新兴产业集群发展工程，推动战略性新兴产业融合集群发展，着力打造新一代信息技术、人工智能、生物技术、新能源、新材料、高端装备、绿色环保等新增长引擎，强化我国战略性新兴产业在全球价值链的技术优势和产业优势。从国家战略层面加强对未来产业的统筹谋划，在类脑智能、量子信息、基因技术、未来网络、深海空天开发等前沿科技和产业变革领域，组织实施未来产业孵化与加速计划，对前沿技术、颠覆性技术进行多路径探索和交叉融合，做好生产力储备。

推动更高水平的生产力要素协同匹配。适应新质生产力发展要求，推动产业组织和产业形态变革调整，不断提升生产要素组合效率，提高全要素生产率。要做大做强一批产业关联度大、国际竞争力强的龙头骨干企业和具有产业链控制力的生态主导型企业，培育一批专精特新"小巨人"企业和"单项冠军"企业，鼓励龙头骨干企业发挥好产业链融通带动作用，实现大中小企业融通发展。依托生产要素的自由流动、协同共享和高效利用，推动生产组织方式向平台化、网络化和生态化转型，打造广泛参与、资源共享、精准匹配、紧密协作的产业生态圈，加速全产业链供应链的价值协同和价值共创。积极发挥数据要素的"融合剂"作用，推动现有业态和数字业态跨界融合，衍生叠加出新环节、新链条、新的活动形态，加快发展智能制造、数字贸易、智慧物流、智慧农业等新业态，促进精准供给和优质供给，更好满足和创造新需求。

《人民日报》（2024 年 03 月 01 日第 09 版）

为新质生产力发展提供有力
知识产权司法保护

陶凯元

2023 年下半年，习近平总书记在地方考察时多次强调，要"加快形成新质生产力"。在主持中共中央政治局第十一次集体学习时，习近平总书记指出："新质生产力是创新起主导作用，摆脱传统经济增长方式、生产力发展路径，具有高科技、高效能、高质量特征，符合新发展理念的先进生产力质态。它由技术革命性突破、生产要素创新性配置、产业深度转型升级而催生，以劳动者、劳动资料、劳动对象及其优化组合的跃升为基本内涵，以全要素生产率大幅提升为核心标志，特点是创新，关键在质优，本质是先进生产力。"今年全国两会期间，习近平总书记指出："要牢牢把握高质量发展这个首要任务，因地制宜发展新质生产力。"日前在主持召开新时代推动中部地区崛起座谈会时，习近平总书记强调："要以科技创新引领产业创新，积极培育和发展新质生产力。"习近平总书记关于新质生产力的重要论述，是对马克思主义生产力理论的创新和发展，进一步丰富了习近平经济思想，具有重要的理论和实践意义，为加快发展新质生产力、推动高质量发展指明了前进方向，提供了根本遵循。人民法院要深入学习领会习近平总书记关于新质生产力的重要论述，从国家战略高度和进入新发展阶段的要求出发，全面加强知识产权司法保护工作，更好服务高质量发展和推进中国式现代化。

加强知识产权保护是发展新质生产力的内在要求和重要保障

以中国式现代化全面推进强国建设、民族复兴伟业，是新时代新征程党和国家的中心任务，高质量发展是全面建设社会主义现代化国家的首要任务，亟待新质生产力的强劲推动和有力支撑。保护知识产权就是保护创新，保护创新就是服务加快发展新质生产力。知识产权与创新直接相关、关系最为紧密。知识产权作为国家发展战略性资源，事关科技发展；作为国际竞争力核心要素，事关国家安全。知识产权可以赋能和整合其他生产要素，具有乘数和倍增效应，对发展新质生产力具有重要作用。因此，必须发挥法治的引领、规范和保障作用，加大对关键核心技术、重点领域、新兴产业的知识产权保护力度，以法治之力支撑和服务新质生产力发展。

服务技术创新，推动形成高科技的生产力。科技创新能够催生新产业、新模式、新动能，是发展新质生产力的核心要素。知识产权司法保护的力度和水平，直接关系保护创新成果、激发创新活力的效果，直接影响创新驱动发展战略的实施和推进。司法要加强对创新成果的保护，推动技术革新和产业升级。

服务产业创新，推动形成高效能的生产力。新质生产力的产生，常常导致产业格局的调整。只有将科技成果转化为现实生产力，才能有效推动产业转型升级、催生新产业新业态新模式。创新越靠近前沿，风险和不确定性越高。司法要积极和及时回应新质生产力市场化产生的新问题，为新技术的应用提供清晰的司法边界。要以强有力的司法手段助力企业发挥技术创新主体作用，促进科技成果流转、转化，强化产学研用紧密结合、各类创新主体协同合作，促进经济社会在规范中创新、创新中发展。

服务制度创新，推动形成高质量的生产力。推动加快构建高效规范、公平竞争、充分开放的全国统一大市场，促进创新要素深度融合、创新资源有效配置，需要加强反垄断和反不正当竞争司法。知识产权不仅是国内发展的"刚需"，也是国际贸易和投资的"标配"，在稳步扩大制度型开放中发挥着导向引领作用。加强知识产权保护，对于营造市场化、法治化、国际化一流营商环境，推进高水平对外开放，具有重要意义。

以审判理念现代化引领推动知识产权司法保护工作高质量发展

党的十八大以来，在以习近平同志为核心的党中央坚强领导下，知识产权审判工作在激励创新创造、维护公平竞争、促进文化繁荣等方面发挥了重要作用，知识产权司法保护工作取得了历史性成就。新时代新征程，推动知识产权司法保护工作高质量发展，必须坚持严格保护的司法理念，更好服务创新驱动发展。

坚持严格保护司法理念，依法从严惩治侵权假冒。当前，一些领域还存在侵权假冒易发多发的现象，严格保护是现阶段知识产权司法保护工作的主基调。要综合运用刑事、民事、行政诉讼程序，依法全面落实知识产权侵权惩罚性赔偿制度，强化行政执法和司法衔接协同，该追究刑事责任的依法从严追究。加强社会诚信体系建设，确保惩治违法不留死角，让侵权者付出沉重代价。要以严格司法树立鲜明导向，为创新创业者营造稳定、透明、规范、可预期的法治环境。

坚持严格保护司法理念，为权利人及时提供司法救济。践行"如我在诉"的意识，把握知识产权案件审判特点，在确保公正前提下提质增效，更好更快查清争点、化解矛盾、兑现权益、定分止争。完善知识产权证据规则，依法积极适用证明妨碍排除、证据保全、司法鉴定等规则，引导当事人积极主动全面诚实提供证据，依法减轻权利人举证负担。发挥好行为保全、财产保全、证据保全的制度效能，防止权利人赢了官司输了市场。

坚持严格保护司法理念，确保统筹兼顾公共利益和激励创新。强调严格保护的同时，要谨防权利滥用。准确把握保护个人权利与维护公共利益、促进创新与维护公平竞争的关系，准确划分保护知识产权与防止权利滥用、行使知识产权与滥用市场支配地位间的法律界限。对以虚假诉讼、恶意诉讼等侵害他人商誉、扰乱市场秩序的，坚决纠治追责。

以优质高效的知识产权司法保护为发展新质生产力蓄势赋能

站在新的历史起点上，人民法院要胸怀"国之大者"，深化知识产权审判领域改革创新，切实找准推动新质生产力加快发展的切入点和结合点，以优质高效的知识产权司法保护服务国家重大战略实施，确保党中央重大决策部署落地见效。

加强高新技术成果保护，推动技术革命性突破。加强对大数据、人工智能、高端芯片、量子技术、5G 等技术领域创新成果的保护，充分发挥发明专利等技术类案件集中审理优势，积极运用诉讼保全、惩罚性赔偿等救济手段，显著提高侵权代价和违法成本，让"真创新"受到"真保护"，"高质量"受到"严保护"。加强对生物育种等农业科技成果的保护，严惩侵犯植物新品种权、种子套牌等侵犯农业科技成果行为，推动健全种质资源保护与利用体系。加强对基因、生物制造、创新药等生命科学成果的保护，合理把握药品专利的授权确权标准，健全药品专利链接制度，强化中医药知识产权司法保护。

加强新业态新模式保护，推动产业深度转型升级。依法妥善审理涉及数据、平台企业等案件，合理划分数据权益权属及使用行为边界，维护用户数据权益和隐私权，完善数据知识产权保护规则，促进数字技术和实体经济深度融合，推进数字经济创新发展。依法规范商标注册使用，严厉打击商标攀附、仿冒搭车、恶意抢注等行为，持续加强驰名商标、传统品牌和中华老字号司法保护，打造更多有国际影响力的"中国制造"品牌。依法审理各类技术合同纠纷案件，加强保护守约方合法权益，合理认定技术成果开发、转让、许可、质押、咨询等环节形成的利益分配及责任承担，引导和支持企业加强技术研发能力，促进技术成果转化为现实生产力和市场竞争力。

加强竞争秩序维护，推动生产要素创新性配置。加大反垄断审判力度，严惩垄断协议、滥用市场支配地位等垄断行为，依法维护中小企业竞争利益，增强市场竞争动力。完善平台经济反垄断裁判规则，依法严惩平台强制"二选一"、大数据杀熟、低价倾销、强制搭售等破坏公平竞争、扰乱市场秩序的行为，引导平台经济向开放、创新、赋能方向发展。有效规制各类垄断和不正当竞争行为，消除市场封锁，保障公平竞争，促进生产要素在更大范围内畅通流动。

加强平等保护与国际合作，推动高水平对外开放。依法妥善处理涉外知识产权纠纷，作出更多在国际上具有引领性的司法裁判，打造国际知识产权诉讼优选地。用生动的知识产权司法保护案例、事例，讲好中国知识产权故事，充分展现我国知识产权审判科学、公正、高效的制度优势，彰显我国加强知识产权保护的负责任大国形象，形成对全球要素资源的更强吸引力。健全知识产权国际交流合作长效机制，加强知识产权司法交流和务实合作。积极参与世界知识产权组织框架下的全球知识产权治理，推动构建开放包容、平等公正的知识产权国际规则，推动全球知识产权治理体制向着更加公正合理方向发展，为发展新质生产力营造良好国际环境。

加强科研人员利益保护，激发创新创造活力。依法妥善处理因科技成果权属认定、权利转让、价值确定和利益分配产生的纠纷，准确界定职务发明与非职务发明的法律界限，保障职务发明人获得奖励、报酬的合法权益。处理好保护商业秘密与人才合理流动的关系，在依法保护商业秘密的同时，维护高科技人才就业创业合法权益。依法支持科研人员经费使用自主权和技术路线决定权，激发科研内生动力。依法承认和保护新类型创新利益，鼓励创新探索，让企业敢闯敢试，增强经营主体在未知领域、风险领域的创业创新活力和投资意愿。

新时代新征程，人民法院要坚持以习近平新时代中国特色社会主义思想为指导，深入学习贯彻习近平法治思想，以制度建设"增激励"、以法律实施"强保护"，统一法律适用标准，确保司法公正高效权威，为创新主体提供清晰稳定、可预期的法律边界和行为规则，促进一切生产要素活力竞相迸发、一切创新源泉充分涌流，努力开创新时代知识产权司法保护工作新局面，为加快建设知识产权强国贡献力量。

《人民日报》（2024 年 03 月 27 日第 09 版）

深刻认识和加快发展新质生产力

《求是》杂志评论员

2024 年 1 月 31 日，习近平总书记在主持中央政治局第十一次集体学习时发表重要讲话，从理论和实践结合上系统阐明新质生产力的科学内涵，深刻指出发展新质生产力的重大意义，对发展新质生产力提出明确要求。从 2023 年在地方考察时提出"新质生产力"，到在中央经济工作会议上强调"发展新质生产力"，再到政治局集体学习时作出系统阐述，总书记关于发展新质生产力的一系列重要论述、一系列重大部署，深刻回答了"什么是新质生产力、为什么要发展新质生产力、怎样发展新质生产力"的重大理论和实践问题，为新征程上推动高质量发展提供了科学指引。

高质量发展需要新的生产力理论来指导

马克思主义认为，生产力是全部社会生活的物质前提，是推动社会进步的最活跃、最革命的因素，生产力标准是衡量社会发展的带有根本性的标准。马克思恩格斯指出，"人们所达到的生产力的总和决定着社会状况"。坚定不移推动生产力发展并在此基础上不断提高人民生活水平，是我们党一切工作的根本出发点。

社会主义的根本任务是解放和发展社会生产力，社会主义相对于资本主义的优越性就体现在能够更快、更好地发展生产力。新中国成立后，毛泽东同志曾提出，"社会主义革命的目的是为了解放生产力"。改革开放后，邓小平同志明确提出，"社会主义的任务很多，但根本一条就是发展生产力"。新中国成立以来，我们党领导人民仅用几十年的时间走完发达国家几百年走过的工业化历程，推动我国发展成为世界第二大经济体，创造了世所罕见的经济快速发展奇迹，极其重要的一点就是高度重视生产力标准，始终坚持解放和发展社会生产力，不断增强社会主义国家的综合国力。

进入新时代，我国经济发展进入了新阶段。以习近平同志为核心的党中央把坚持高质量发展作为新时代的硬道理，一以贯之不断解放和发展社会生产力，作出一系列重大决策部署，推动我国经济迈上更高质量、更有效率、更加公平、更可持续、更为安全的发展之路，生产力水平实现了巨大提升、突破性发展，形成了生产力发展的新的质态。针对这种新的情况，习近平总书记明确指出，"新质生产力已经在实践中形成并展示出对高质量发展的强劲推动力、支撑力"。

同时，也要看到，制约高质量发展因素还大量存在，比如，一些关键核心技术受制于人，产业存在"大而不强""全而不优"问题，生产和生活体系向绿色低碳转型的压力都很大，等等。进一步推动高质量发展，就要形成新的产业、新的模式、新的动能，把关键核心技术牢牢掌握在自己手中，打造自主可控、安全可靠、竞争力强的现代化产业体系，构建绿色低碳循环经济体系，实现依靠创新驱动的内涵型增长。归根结底，就是要在生产力水平上实现更大突破、更大发展。这给我们的理论发展提出了新的课题，需要进一步深化对新质生产力的认识。习近平总书记强调，发展新质生产力"需要我们从理论上进行总结、概括，用以指导新的发展实践"。习近平总书记关于发展新质生产力的重要论述，指明了推动高质量发展的重要着力点，体现了对生产力发展规律和我国发展面临的突出问题的深刻把握，是对我国经济建设规律的深刻总结，进一步创新和发展了马克思主义生产力理论，是习近平经济思想的重要组成部分，具有重要的理论和现实意义，我们必须深入学习、深刻领会，并用于指导实践。

把握新质生产力的科学内涵

什么是新质生产力？习近平总书记指出："概括地说，新质生产力是创新起主导作用，摆脱传统经济增长方式、生产力发展路径，具有高科技、高效能、高质量特征，符合新发展理念的先进生产力质态。它由技术革命性突破、生产要素创新性配置、产业深度转型升级而催生，以劳动者、劳动资料、劳动对象及其优化组合的跃升为基本内涵，以全要素生产率大幅提升为核心标志，特点是创新，关键在质优，本质是先进生产力。"这一重要论述，深刻指明了新质生产力的特征、基本内涵、核心标志、特点、关键、本质等基本理论问题，为我们准确把握新质生产力的科学内涵提供了根本遵循。

新质生产力是创新起主导作用的先进生产力质态，特点是创新。把握新质生产力，关键在于深刻认识创新在提高生产力中的关键性作用。回顾历史，从 18 世纪第一次工业革命的机械化，到 19 世纪第二次工业革命的电气化，再到 20 世纪第三次工业革命的信息化，一次次颠覆性的科技革新，带来社会生产力的大解放和生活水平的大跃升，从根本上改变了人类历史的发展轨迹。一些国家抓住科技革命和产业变革的难得机遇，综合国力迅速增强，甚至一跃成为世界强国。当前，新一轮科技革命和产业变革蓄势待发，一些重大颠覆性技术创新正在创造新产业新业态，信息技术、生物技术、制造技术、新材料技术、新能源技术广泛渗透到几乎所有领域，带动了以绿色、智能、泛在为特征的群体性重大技术变革。我们迎来了世界新一轮科技革命和产业变革同我国转变发展方式的历史性交汇期，面临着千载难逢的历史机遇，新质生产力应运而生并在实践中不断发展壮大。新质生产力，代表着科技革命和产业变革的新方向、新趋势，代表着先进生产力的发展方向。加快形成新质生产力，就是要在生产力发展中取得领先地位，在新领域新赛道上占据发展先机，在激烈的国际竞争中赢得发展主动权。

马克思指出，"生产力，即生产能力及其要素的发展"，"劳动生产力是随着科学和技术的不断进步而不断发展的"。新质生产力是生产力发展和科技进步的产物，是人类改造自然能力的革命性提升，这种提升是整体性的、根本性的，作为其构成要素的劳动者、劳动资料、劳动对象必然也有新的内涵。就劳动者而言，劳动者是生产力中最活跃的因素，与新质生产力匹配的不再是以简单重复劳动为主的普通劳动者，而是需要能够创造新质生产力的战略人才和能够熟练掌握新质生产资料的应用型人才。就劳动资料而言，作为"人类劳动力发展的测量器"，随着原创性技术、颠覆性技术的发展和广泛运用，越来越多的新型生产工具将产生，旧的落后的生产工具则会逐渐被新的先进的生产工具所代替，这也是体现生产力发展的主要标志。就劳动对象而言，劳动资料的改进和广泛运用，必然会带来劳动对象范围的扩大，不仅包括传统的自然界物质，而且包括数据等不受空间和时间限制的非物质形态。

生产的各种要素只有结合在一起，才能形成现实的生产力。新质生产力不仅体现为各种要素的创新发展，还体现为生产要素结合方式的创新发展。随着新质生产力中劳动者、劳动资料、劳动对象的发展变化，三者的优化组合也将会发生革命性变化，带来新产业、新业态、新模式，形成驱动经济发展的新动能新优势。生产力决定生产关系，生产关系反作用于生产力。新质生产力的形成，必然引起生产关系的革命性变化，需要形成新的生产关系与之相适应，对其加以保护、解放和发展。不断改革和完善生产关系，形成新的管理模式、新的体制机制，是促进新质生产力不断发展的重要保障。

总之，我们要深刻认识到，新质生产力不是传统生产力的局部优化与简单迭代，而是由技术革命性突破、生产要素创新性配置、产业深度转型升级而催生的先进生产力，必将带来发展方式、生产方式的变革，推动我国社会生产力实现新的跃升，为全面建设社会主义现代化国家奠定更加坚实的物质技术基础。

推动新质生产力加快发展

"我们在新赛道上不能掉队","要奋起直追,努力实现并跑甚至领跑"。在2023年中央经济工作会议上,习近平总书记的一席话催人奋进。在强国建设、民族复兴新征程上,推进中国式现代化,最根本的是要实现生产力的现代化。新质生产力本质是先进生产力。要切实把思想和行动统一到习近平总书记重要讲话精神和党中央决策部署上来,聚焦经济建设这一中心工作和高质量发展这一首要任务,进一步增强推动新质生产力发展的自觉性和主动性,提高推动新质生产力发展的实践本领。

——加快科技创新。科技创新能够催生新产业、新模式、新动能,是发展新质生产力的核心要素。必须加强科技创新特别是原创性、颠覆性科技创新,加快实现高水平科技自立自强,打好关键核心技术攻坚战,培育发展新质生产力的新动能。

——加快产业创新。产业是生产力的载体,科技成果只有产业化才能成为社会生产力。要及时将科技创新成果应用到具体产业和产业链上,改造提升传统产业,培育壮大新兴产业,布局建设未来产业,完善现代化产业体系。围绕发展新质生产力布局产业链,提升产业链供应链韧性和安全水平,保证产业体系自主可控、安全可靠。

——加快发展方式创新。绿色发展是高质量发展的底色,新质生产力本身就是绿色生产力。必须加快发展方式绿色转型,牢固树立和践行绿水青山就是金山银山的理念,坚定不移走生态优先、绿色发展之路,在全社会大力倡导绿色健康生活方式。

——加快体制机制创新。生产关系必须与生产力发展要求相适应。发展新质生产力，必须进一步全面深化改革，形成与之相适应的新型生产关系。要深化经济体制、科技体制等改革，着力打通束缚新质生产力发展的堵点卡点。扩大高水平对外开放，为发展新质生产力营造良好国际环境。

——加快人才工作机制创新。人才是第一资源，创新驱动实质是人才驱动。发展新质生产力，归根结底要靠创新人才。要按照发展新质生产力要求，畅通教育、科技、人才的良性循环，完善人才培养、引进、使用、合理流动的工作机制。健全要素参与收入分配机制，营造鼓励创新、宽容失败的良好氛围。

《求是》（2024 年第 05 期）

让科技创新为新质生产力发展注入强大动能

阴和俊

"发展新质生产力是推动高质量发展的内在要求和重要着力点，必须继续做好创新这篇大文章，推动新质生产力加快发展。"2024年1月31日，习近平总书记在主持二十届中央政治局第十一次集体学习时发表重要讲话，系统阐述了新质生产力的深刻内涵和主要特征，指明了新质生产力的发展方向和实践路径，作出了重点部署，提出了明确要求。从2023年在地方考察时提出"新质生产力"，到在中央经济工作会议上强调"发展新质生产力"，再到中央政治局集体学习和全国两会上作出深入阐释，总书记关于发展新质生产力的一系列重要论述、重大部署，为我们在新时代新征程上做好科技创新工作、进一步解放和发展生产力、实现高质量发展、推进和拓展中国式现代化提供了根本遵循和行动指南。

新质生产力是"两个大局"背景下对高质量发展大势的深刻洞察，科技创新是驱动新质生产力发展的核心要素

生产力是人类社会发展的根本动力，也是一切社会变迁和政治变革的终极原因。当前，世界百年未有之大变局加速演进，中华民族伟大复兴进入关键时期，新一轮科技革命和产业变革深入发展，深刻改变着人类生产生活方式，生产力的要素条件、发展方向、演进路径都在发生重大变化，需要新的生产力理论来指导。习近平总书记基于对历史发展大势和我国实际国情的准确把握，创造性地提出发展新质生产力的重要理论。这一重大理论创新，既植根于马克思主义的经典理论土壤，也来源于中国共产党解放和发展生产力的探索实践，极大深化了我们党对生产力发展规律的认识。

体现了马克思主义生产力理论中国化时代化的最新成果。生产力理论是马克思主义认识人类社会基本矛盾的逻辑起点，也是我们党治国理政的重要理论依据。新中国成立特别是改革开放以来，我们党始终把解放和发展社会生产力作为根本任务，提出"科学技术是第一生产力"的重要论断，突出了科技的重要作用。党的十八大以来，以习近平同志为核心的党中央坚持把科技创新摆在党和国家事业发展全局的核心位置，提出"创新是引领发展的第一动力"，强调"科技创新是提高社会生产力和综合国力的战略支撑"。中国特色社会主义进入新时代，开启了全面建设社会主义现代化国家新征程。习近平总书记指出，"实现社会主义现代化，实现中华民族伟大复兴，最根本最紧迫的任务还是进一步解放和发展社会生产力"。立足新时代的使命任务，总书记对在实践中形成的新质生产力从理论上进行总结、概括、提升，用以指导新的发展实践，进一步丰富和拓展了马克思主义生产力理论，为推进高质量发展和中国式现代化提供了科学指引。

突出了科技创新的核心主导作用。习近平总书记强调，科技创新能够催生新产业、新模式、新动能，是发展新质生产力的核心要素。当前，全球科技创新进入密集活跃期，呈现交叉融合、高度复杂和多点突破的态势，以无所不在的渗透性、扩散性、带动性广泛赋能经济社会发展，让新质生产力展现出比传统生产力更加强大的科技内核。一是驱动方式转换。新质生产力以科技创新为核心驱动力，以全要素生产率大幅提升为主要标志，以更高效的物质生产能力推动物质财富的高质量积累。二是生产要素更新。随着科技进步对生产过程的重塑，掌握更多数字与智能技术的新型劳动者，通用人工智能、智能机器设备等新型生产资料，数据等新型生产对象都成为新质生产力的关键要素。三是产业结构升级。发展新质生产力以技术为牵引，统筹推进科技创新和产业创新，改造提升传统产业，培育壮大新兴产业，布局建设未来产业，加快建设现代化产业体系，最终实现产业结构深度转型与升级。

蕴含了鲜明而深刻的时代特征。新质生产力是创新起主导作用，摆脱传统经济增长方式、生产力发展路径，生产效率更高、发展质量更好、可持续性更强，用更少的资源消耗创造出更多的物质财富。同时，以高科技、高效能、高质量为特征的新质生产力发展，带来产业结构升级和工作效率提升，将创造更加多元的就业机会，改善生态环境和人居环境，更好地满足人民日益增长的美好生活需要。

放眼世界，在激烈的国际竞争中，科技创新已成为战略博弈主战场，必须不断开辟新领域新赛道、抢占未来战略制高点。因此，加快发展新质生产力是当务之急，对我国拓展经济发展回旋空间、取得国际竞争主动权、实现中国式现代化都具有重要而深远的战略意义。

面向全面建设社会主义现代化国家新征程，发展新质生产力具备有利条件和科技基础

党的十八大以来，在以习近平同志为核心的党中央坚强领导下，在全国科技界和社会各界的共同努力下，我国科技事业发生历史性、整体性、格局性重大变化，走出了一条从人才强、科技强到产业强、经济强、国家强的发展道路，为新质生产力的形成提供了重要支撑，为强国建设、民族复兴开辟了壮阔前景。

社会主义集中力量办大事的制度优势，为发展新质生产力提供了强大政治保证。正是依靠党的坚强领导和制度优势，我们一次次实现从无到有的突破，破解核心技术瓶颈，在众多科技领域实现重点跨越，如载人航天、探月工程、高速铁路等就是成功范例。为加强党中央对科技工作的集中统一领导，2023 年组建中央科技委员会，重新组建科学技术部，对科技管理体制进行系统性重构，有利于发挥政府和市场"两只手"的作用，打通束缚新质生产力发展的堵点卡点，充分调动各方力量和积极性，让各类先进优质生产要素向发展新质生产力顺畅流动，对打赢关键核心技术攻坚战、健全新型举国体制、提升国家创新体系整体效能具有重大意义。

科技创新能够催生新产业、新模式、新动能，是发展新质生产

力的核心要素。中国科学院自动化研究所人形机器人攻关团队自主突破多项核心技术，研制了人形机器人设计组装"大工厂"，可以快速设计构建人形机器人硬件和软件系统。图为2024年1月31日，科研人员在多模态人工智能系统全国重点实验室调试机器人。新华社记者　金立旺／摄

蓬勃涌现的科技成果，为发展新质生产力提供了强劲动力源泉。科技前沿探索向极宏观、极微观、极端条件不断深入，从深空、深海到深地、两极，人类改造和利用自然的能力更加强大，人工智能、量子信息、生物科技、元宇宙、脑机接口、先进材料、大数据等技术的出现，极大丰富了劳动对象的种类和形态，拓展了生产新边界，创造了生产新空间。同时，新技术、新材料、新工艺的广泛应用，孕育出一大批具有更高科技属性的新型生产工具，5G通信、智能网联、无人工厂、智慧港口等进一步解放了劳动者，削弱了自然条件对生产活动的限制。绿色发展是高质量发展的底色，新质生产力本身就是绿色生产力，在海陆风电、光伏发电等技术赋能下，构建了绿色能源产业新格局，加快了绿色转型的前进步伐。

持续改善的科技基础条件，为发展新质生产力提供了可靠的物质技术保障。近年来，我国科技创新整体实力稳步提升，全社会研发投入从2012年的1.03万亿元增长到2023年的3.3万亿元，研发经费投入强度从1.91%增至2.64%。基础研究能力不断增强，国家重点研发计划、国家自然科学基金等持续支持原始创新，2023年基础研究经费达2212亿元，占全社会研发投入比重提高到6.65%。重大科技基础设施和创新基地加快布局，国家科学数据中心、生物种

质和实验材料资源库、野外科学观测研究站等条件逐步完善，构建了相对完备的基础条件平台体系，有力支撑了科学前沿探索和重大科技攻关。

日益完备的科技创新体系和产业制造门类，为发展新质生产力夯实了能力基础。经过改革开放 40 多年发展，我国科技创新体系逐步健全，战略科技力量加快壮大，国家实验室建设稳步推进，中国特色国家实验室体系加快构建，高水平研究型大学、科研院所创新能力不断提升。我国科技型企业迅速壮大，企业研发投入占全社会研发投入的比重连续多年超过 75%。从产业角度看，我国已具备全球最完整、规模最大的工业制造体系，覆盖联合国产业分类中的全部工业门类，共 41 个大类、666 个小类，制造业规模连续 14 年位居全球第一，发展新质生产力具有得天独厚的优势。

超大规模且结构多元的国内市场，为发展新质生产力提供了海量应用场景和施展空间。市场是最稀缺的资源，可以释放巨大而持久的动能。我国人均 GDP 超过 1.2 万美元，拥有 14 亿多人口、4 亿多中等收入群体、超 1.8 亿户经营主体，是全球最大最有潜力的市场。随着社会经济发展水平的不断提升和人民财富积累的持续增加，规模效应和集聚效应将进一步增强，市场巨大潜力将加速释放，多层次、宽领域的市场结构为各类科技创新提供了不断尝试和完善的空间，促进产品迭代升级，为从创新链的低端向高端攀升提供了机会，对新质生产力具有强大的促进拉动作用。

人才资源红利进入加速释放期，为发展新质生产力提供了丰沛的智力支持和人才保障。人是生产力中最活跃、最具决定意义的因素，新质生产力必然要求人才层次进一步提升，用先进科学技术、知识和理念武装起来的新型劳动者将成为主要群体。我国高等教育规模不断扩大，拥有全球规模最大的理工科毕业生，有 2.4 亿多受过高等教育的人才，新增劳动力平均受教育年限达 14 年，全社会受教育程度明显提升。研发人员总量世界第一，研发人员全时当量从 2012 年的 325 万人年增长到 2022 年的 635 万人年。青年科技人才成为科研主力军，国家自然科学基金项目中的 80% 由 45 岁以下的青年人员承担，"北斗"组网、"嫦娥"探月、"中国天眼"等重大工程中，不少团队平均年龄刚过 30 岁。改革开放以来的留学热和近年来出现的归国潮，也为我国现代化建设人才队伍注入了澎湃活力。

同时，我们也要清醒地认识到，发展新质生产力，科技创新仍然任重道远。我国科技创新能力还不适应高质量发展的需要，基础研究仍然薄弱，原始创新能力不足，部分领域关键核心技术受制于人，对新质生产力的策源力不强；创新体系整体效能还不高，科技资源围绕重大任务统筹配置不够，战略科技力量作用有待进一步发挥，高水平科技领军企业不多，对新质生产力的体系化支撑不够；拔尖创新人才和团队不足，科技评价激励机制亟须完善，鼓励创新的政策措施和社会环境还需优化，支撑新质生产力的人才培养储备不足等。对此，我们既要发挥优势、坚定信心，更要正视短板、迎难而上，以培育新质生产力为导向，努力提升科技创新能力和水平，为高质量发展注入强劲推动力。

加快实现高水平科技自立自强，为新质生产力发展提供坚实的科技支撑

培育发展新质生产力是一项系统性、全局性、长期性工程。要坚持系统观念、因地制宜，紧紧围绕科技创新这个核心，以顶层设计为牵引，以研发攻关和成果转化为重点，以科技体制改革为动力，以人才培养使用为保障，加强原创性、颠覆性科技创新，打好关键核心技术攻坚战，加快推进高水平科技自立自强，努力做好创新这篇大文章，不断增强高质量发展的科技硬实力，将党中央关于发展新质生产力的重大决策部署落到实处。

发展新质生产力不是忽视、放弃传统产业，要用新技术改造提升传统产业，积极促进产业高端化、智能化、绿色化。图为2024年3月12日，在山东腾峰纺织科技有限公司，工作人员在智能化纺纱设备前忙碌。新华社记者　郭绪雷／摄

加强科技创新统筹谋划，完善培育发展新质生产力的顶层设计。发展新质生产力涉及面广，从基础研究到转化应用、从人才培养到政策激励、从研发选题到产业布局、从当前急需到长远发展，内容丰富，任务繁重。要以更广阔的视野、更全局的思考、更务实的担当，加强战略谋划和系统布局，推动有为政府与有效市场有机结合，强化市场的自主性、资源的系统性、链条的完整性、政府的组织性，真正将科技与产业、金融、教育等各方面工作协同起来。要进一步做好科技创新的顶层设计，牢牢把握抓战略、抓改革、抓规划、抓服务的定位要求，加强战略规划、政策措施、重大项目、科研力量、资源平台、区域创新等统筹，建立健全新型举国体制，凝聚起发展

新质生产力的强大合力。

聚焦重点领域加快研发攻关，以原创性、颠覆性技术突破引领新质生产力发展。不同于一般的技术进步，原创性、颠覆性技术创新一旦获得成功，将迅速成为市场主导技术，重塑产业和市场竞争格局，使劳动者、劳动资料、劳动对象及其优化组合实现新的跃升，对生产力质态带来根本性改变。要把握全球科技革命和产业变革新趋势，从国家紧迫需求出发，举全国之力打好关键核心技术攻坚战，加快突破关键共性技术、前沿引领技术、现代工程技术、颠覆性技术创新。围绕人工智能、量子科技、生物科技、新能源、绿色低碳等关键领域，推动建立适应新质生产力发展的新型科研组织模式和资源配置方式，在基础研究、技术研发、产业应用、政策保障等方面系统部署，不断增强发展新质生产力的内生动力。

加强科技成果转化应用，以科技创新引领现代化产业体系建设。只有将科技创新成果及时应用到具体产业和产业链上，加快推动科研成果从样品到产品、再到商品，才能转化为现实生产力。要充分发挥科技创新对产业发展的支撑引领作用，以高水平科技自立自强维护产业链供应链安全稳定，为构建新发展格局打下坚实基础。突出企业科技创新主体地位，激励企业加快数智化转型，打造更多具有国际竞争力的科技领军企业，以企业生产技术的整体提升，带动产业转型升级。未来产业是发展新质生产力的重要方向，也是世界各国竞相布局的制高点，要准确研判前沿科技发展趋势，以原创性、颠覆性技术突破催生培育未来产业，推动科技与产业互相支撑、迭代升级，力争成为新规则的重要制定者、新赛场的重要主导者。

持续深化科技体制改革，着力打通束缚新质生产力发展的堵点卡点。生产力决定生产关系，生产关系反作用于生产力，生产关系必须与生产力发展要求相适应。发展新质生产力，必须进一步深化改革，加强管理和制度层面的创新，形成与之相适应的新型生产关系，科技体制改革是其中的重要一环。要加强科技体制改革和政策统筹，推动科技政策从各管一段向构建高效协同的政策体系转变，针对新型举国体制、国家战略科技力量、战略博弈必争领域强化精准政策支持。推动完善高质量发展与科技创新相关的考核评价指标体系，引导地方加强科技创新工作，更好贯彻落实高质量发展理念。实施更加开放包容的国际科技合作战略，扩大高水平对外开放，营造具有国际竞争力的开放创新生态，与全球共享中国的发展红利。

推动创新型、复合型、数字化人才培养，为发展新质生产力夯实人才基础。要坚持教育优先发展、科技自立自强、人才引领驱动一体化推进，形成协调互补的良性循环，完善人才培养、引进、使用、合理流动的工作机制，在科研实践中培养造就更多高水平科技人才。根据科技发展趋势和重大任务需求，与教育部门协同配合，推动完善人才培养结构和学科专业设置，依托科技重大项目、科研基地平台等加强急需人才培养，着力造就拔尖创新人才，培养更多战略科学家、一流科技领军人才和创新团队、卓越工程师以及具有国际竞争力的青年科技人才。实施更加积极、更加开放、更加有效的人才政策，加大国家科技计划对外开放力度，吸引更多全球优秀科技人才来华创新创业。深化人才评价改革，健全要素参与收入分配机制，更好体现知识、技术、人才的市场价值，营造鼓励创新、宽容失败的良好氛围，为各类人才搭建干事创业的广阔舞台。

《求是》（2024 年第 07 期）

新质生产力的发展经济学意义

马玉婷　叶初升

习近平总书记指出，"高质量发展需要新的生产力理论来指导，而新质生产力已经在实践中形成并展示出对高质量发展的强劲推动力、支撑力，需要我们从理论上进行总结、概括，用以指导新的发展实践。"作为具有开拓性和原创性的新概念，新质生产力反映了发展中国家在中高收入阶段经济发展重心转移之后的新要求、新方向和新理念。以时代为观照，以中国为观照，从我国新质生产力发展中总结出有规律性的新实践，提炼出有学理性的新理论，能够为其他发展中国家的经济发展贡献中国经验，并为发展经济学的理论创新贡献中国智慧。

新质生产力在发展经济学中的理论方位

自摆脱殖民统治、赢得政治独立以来，发展中国家一直面临双重的经济发展任务：一方面，因为处于落后状态，发展中国家必须以比发达国家更快的速度实现增长和发展，以缩小与发达国家的差距；另一方面，尽管处于落后状态，发展中国家必须与实力强大且占据优势地位的发达国家同台竞争，在开放经济中发展自己。前者是低于时代发展水平的后发追赶，后者是与时代同行的前沿发展。对任何一个发展中国家而言，这两类性质不同的发展任务是交织在一起的，区别只在于不同的发展中国家由于所处发展阶段不同，其发展重点或任务构成有所差异。双重发展任务及其结构变化，以及由此产生的复杂的发展问题，是发展中国家经济区别于发达国家的一个重要特征。

低于时代发展水平的经济追赶，可以通过发挥后发优势来实现，属于常规化的努力；而同时代的前沿发展则面临发达国家的强力遏制，需要吸收时代进步的力量发展新质生产力，需要超常规的努力。长期以来，发展经济学一直聚焦于后发追赶问题，忽略了发展中国家与发达国家同时代的前沿发展竞争。习近平总书记明确提出"新质生产力"的概念，指出"新质生产力是创新起主导作用，摆脱传统经济增长方式、生产力发展路径，具有高科技、高效能、高质量特征，符合新发展理念的先进生产力质态。它由技术革命性突破、生产要素创新性配置、产业深度转型升级而催生，以劳动者、劳动资料、劳动对象及其优化组合的跃升为基本内涵，以全要素生产率大幅提升为核心标志，特点是创新，关键在质优，本质是先进生产力。"这一重要论述不仅为新发展阶段的高质量发展实践提供了科学指引，也为发展经济学的理论创新开辟了道路。新质生产力具有一般性的发展经济学意义，发展经济学必须重视发展中国家在前沿竞争中的发展问题，深入研究新质生产力。

新质生产力与经济发展阶段

生产力具有鲜明的时代特征。在发展过程中涌现出来的新要素、新技术、新产业和新业态，形成了各自时代利用自然、改造自然、创造财富的能力。一个经济体能否把握时代发展产生的新技术等发展要素，并转化为新质生产力，与该经济体所处的发展阶段以及它在世界经济发展序列中所处的位置密切相关。人类近现代史上曾出现过几次工业革命，大多数后发国家都与之失之交臂，错失了利用工业革命发展生产力的机会。其重要原因不仅在于几次工业革命都发轫于先发国家，还因为后发国家处于低收入阶段、靠近世界经济发展序列的低端，其经济发展的重心在于后发追赶，而不是与先发国家展开同时代前沿发展竞争。只有当经济体达到一定发展水平之后，随着原有比较优势和后发优势的减弱以及发展阶段的变化，经济发展的重心才开始从后发追赶逐渐向前沿发展竞争转移，新质生产力对于发展中国家经济发展的重要性才真正凸显出来。

发展新质生产力是发展中国家经济发展重心转移的必然要求，它内生于经济发展过程。在低收入阶段，发展中国家与发达国家分别处在全球产业链的中低端和高端，各自发挥比较优势，在国际经济关系中具有很强的互补性。因此，以资源换资本，以市场换技术，是发展中国家从低收入阶段实现经济起飞的一项重要战略。进入中等收入阶段之后，发展中国家的比较优势发生变化，资本不像发展初期那样稀缺，劳动力也不再丰裕，技术进步的方式不再主要依靠模仿，转而越来越需要依靠自主创新。在此过程中，发展中国家可能在原先并不具备比较优势的部门大幅提高生产率，产业升级使得它在全球产业链中的位置逐步攀升。于是，发展中国家与发达国家的经济互补性开始减弱，而竞争性逐渐增强。处于中高收入阶段的发展中国家要在前有遏制堵截、后有围追的情况下实现发展，迫切需要时代前沿技术造就的新质生产力。

我国已经历史性地解决了绝对贫困问题，全面建成小康社会，从低收入国家迈向中高收入国家行列，实现了由穷变富的发展，已经开启全面建设社会主义现代化国家新征程。在由富变强的阶段，我国经济社会的主要矛盾、内在的发展问题和外部发展环境都发生深刻变化，相应地，发展重心也开始朝前沿发展方向转移。一方面，后发追赶的任务尚未完成，与实力强大且占据优势的发达国家展开前沿发展竞争任重道远，站在新的发展方位上，中国比历史上任何时期都更需要发展新质生产力；另一方面，中国新发展阶段的实践也非常幸运地置于新一轮科技革命和产业变革之中，时代给了中国发展新质生产力的机遇。正如2023年中央经济工作会议所强调的，我们要以科技创新推动产业创新，特别是以颠覆性技术和前沿技术催生新产业、新模式、新动能，发展新质生产力。对于处于中高收入阶段、谋求由富变强的中国而言，新质生产力的发展功能将是巨大的：加快技术进步速度，推动经济转型升级，提升全要素生产率，促进生产力发展跃迁，从而在与发达国家的前沿竞争中赢得发展的主动权。

新质生产力给发展经济学提出的新课题

"时代是思想之母，实践是理论之源"。发展中国家在中高收入阶段转移经济发展重心、发展新质生产力，这给发展经济学提出了一些不曾研究过的新课题，发展经济学必须以新理论反映新实践。

第一，与后发追赶中利用后发优势不同，前沿发展中的新质生产力要在没有后发优势的地方创造竞争优势，以自主创新驱动发展。所谓后发优势，简言之，就是落后者学习先行者而形成的优势。一旦进入前沿竞争状态，就没有先行者可以学习或模仿，没有先行足迹可资借鉴，试错成为一种常态，走弯路是必不可少的探索过程。因此，与发达国家在发展前沿展开竞争，唯有依靠自主创新形成新质生产力。而且，新质生产力所需要的自主创新并非一般的技术创新，更多的是前沿性、原创性、颠覆性且对经济增长具有重大推动作用的科技创新。传统发展经济学虽然重视技术进步，但更强调通过技术转移、技术模仿、技术外溢，从先发国家那里获取技术进步的力量，极少涉及发展中国家在前沿发展竞争中的自主创新问题。

第二，与后发追赶中利用比较优势不同，前沿发展中的新质生产力要在原先没有比较优势的领域去创造新的比较优势。所谓比较优势，简言之，就是经济体之间因资源要素分布差异而形成的生产与交易优势。在低收入阶段，发展中国家选择劳动密集型、资源密集型产业，以资源换资本、以市场换技术，就是采取的比较优势战略。但比较优势是动态变化的，发展新质生产力，就是在时代发展的技术前沿向没有比较优势的高科技产业进军，"没有条件，创造条件也要上"，在原本不具备比较优势的领域发现并确立新的比较优势，在战略性新兴产业和未来产业上有所突破。传统发展经济学虽然重视比较优势，但对比较优势的动态转换，特别是在时代发展前沿确立新的比较优势，还缺乏深入研究。

第三，与后发追赶过程中的竞争格局不同，前沿发展中的新质生产力是在与发达国家竞争中形成的。在后发追赶中，发展中国家依赖各自比较优势和后发优势实现发展。在这个过程中，发展中国家与发达国家存在经济互补性，而发展中国家之间则存在竞争性。当发展中国家经济实现了一定程度的发展之后，发展中国家经济发展的重点开始前移，不可避免要与实力强大的发达国家在某些领域展开前沿竞争。发达国家为了巩固自己在前沿发展中的优势地位，除了利用正常的市场竞争手段外，还会采取"脱钩""断链""停止科学交流"等手段遏制发展中国家的发展。传统发展经济学比较重视国际经济活动中发达国家与发展中国家互利共赢的合作，基本不讨论发达国家利用发展优势遏制发展中国家经济发展的问题。

第四，与后发追赶中经济结构变迁的主导方向不同，前沿发展中的新质生产力促使结构变迁实现纵向升级。在后发追赶中，结构变迁主要是通过资源要素从传统经济部门向现代经济部门横向流动实现的，表现为产业结构更加工业化和服务化。在前沿发展中，新质生产力以科技创新为引擎，将更多资源要素配置到战略性新兴产业和未来产业中，催生出新农业、新制造业、新服务业，因而经济变迁主要通过产业内部企业之间或不同技术产能之间的优胜劣汰来实现，表现为产业的纵向升级。新质生产力在产业间和产业内部因发展差异而形成的纵向结构升级，将是发展经济学研究的一个新的重要课题。

第五，与后发追赶中发展包括劳动密集型产业在内的各类产业、吸收各个层次劳动力就业不同，前沿发展中的新质生产力可能会产生技能偏向而改变劳动就业结构，进而对收入结构产生影响。新质生产力以先进技术和数智化设备将一些低技能劳动者从机械性劳作中解放出来，并吸收更多高技能、高知识和高创新能力的劳动者，从而改变劳动就业结构及其收入结构。发展的目的是为了人民，就业是最基本的民生。新质生产力驱动的前沿发展应该是人民共同参与、共享成果的发展。在新质生产力发展过程中如何建立和完善就业机制和利益分配机制，让发展中国家的前沿发展与共享发展并行不悖，这是发展经济学必须研究的重要课题。

《光明日报》(2024 年 02 月 20 日第 11 版)

加快培育和发展新质生产力

石建勋

习近平总书记关于新质生产力的重要论述，是马克思主义生产力理论的新发展，为新时代全面把握新一轮科技革命突破方向，推动生产力高质量发展，全面推进中国式现代化建设提供了科学理论指导和行动指南。新质生产力是以大数据、云计算、人工智能、绿色低碳技术为代表的新技术与数智化机器设备、数智化劳动者、数字基础设施、海量数据、算力、新能源、新材料等新要素紧密结合的生产力新形态。与传统生产力相比，新质生产力是代表新技术、创造新价值、适应新产业、重塑新动能的新型高质量生产力，具有高科技、高效能、高质量特征，是符合高质量发展要求的生产力。加快发展新质生产力，是一项复杂的系统工程，必须统筹规划、全方位系统推进。

加快形成与新质生产力相适应的新型生产关系。生产关系必须与生产力发展要求相适应，发展新质生产力也需要构建与其相适应的体制和机制。建立高标准市场体系，创新生产要素配置方式，进一步优化发展新质生产力的宏观环境，让各类先进优质生产要素能够向新质生产力顺畅流动。扩大高水平对外开放，为发展新质生产力营造良好国际合作环境。加快完善科研管理体制机制，建立一套以发展新质生产力为核心的科技创新评价体系，加快科技成果向新质生产力转化速度。进一步完善科技创新相关法律法规，进一步细化对新质生产力的知识产权保护条例，加快完善知识产权交易市场，推动科技成果的快速转化。

为发展新质生产力提供重要人才支撑。发展新质生产力需要拥有大量较高科技文化素质、具备综合运用各类前沿技术能力、熟练掌握各种新型生产工具的新型数智人才。必须推动教育、人才培养和创新链、产业链深度融合，完善人才培养、引进、使用、合理流动的工作机制。根据科技发展新趋势，优化研究型高等学校学科设置、人才培养模式，加快形成与新质生产力发展需求相适应的人才结构。重视职业教育在培养专业技能人才方面的优势，使职业教育尽快适应数字化、智能化发展趋势，不断提高新质生产力所需的职业技术人才培养质量。

强化发展新质生产力的科技支撑。科技创新能够催生新产业、新模式、新动能，是发展新质生产力的核心要素。加快发展新质生产力需要以前沿技术领域的颠覆式、突破式创新为前提，充分发挥我国社会主义制度集中力量办大事的优势，进行重大科技项目攻关，加快实现高水平科技自立自强，打好关键核心技术攻坚战，使原创性、颠覆性科技创新成果竞相涌现。推进产、学、研协同创新和融合发展。超前部署、全面开展前瞻性、先导性和探索性的前沿技术研究，大力支持产业应用研究，在重点产业和战略性新兴产业领域突破一批核心关键技术，形成一批具有自主知识产权和规模化应用前景的科技成果。积极引导创新要素向企业集聚，强化企业自主创新的意识和能力，强化科技创新对战略性新兴产业的驱动作用，推动更多科技成果转化为现实的新质生产力。

加快培育发展数据要素市场。重视数据要素在生产活动中的地位，建立规范的数据要素管理体系。从法律层面明确界定数据要素的产权，尽快设立全国性的数据确权登记平台，明确数据产权界定的实施办法；尽快制定数据要素的价值评价体系，明确数据要素的可信度、共享性和实用性等方面的指标，以便更精准地进行数据要素的评估和交易。加快完善数据要素市场，激发数据要素的创造和流通。进一步加强数据开放共享，打破数据要素壁垒，使数据在流通中产生更大价值。持续监测和定期评估数据安全措施的有效性，并根据情况不断改进和加强数据安全策略。

提升数字赋能新质生产力水平。加快形成新质生产力离不开数字技术的深度开发和广泛应用，为此，需要紧跟全球数字化发展趋势，加快推动数字产业化和产业数字化转型升级。一方面，加快数字产业化进程。推动数字技术创新成果的转化，进一步夯实大数据中心和数字基础设施建设，打造国际一流水平的数字产业集群。另一方面，着力推动传统产业数字化转型。促进数字技术与实体经济深度融合，充分利用现代数字信息技术、先进互联网和人工智能技术对传统制造业进行全系统、全角度、全链条的改造，通过对研发设计、生产工艺、生产管理和销售服务等产业全链条、生产制造全过程的数字化和智能化改造，通过加快信息网络基础设施建设、搭建工业互联网平台和加强政策服务引导等系统工程，推进传统产业在决策、生产、运营环节上的数字化转型和智能化升级。

夯实发展新质生产力的算力基础。算力是发展新质生产力的重要基础功能，只有全面提升算力水平，才能使大数据、人工智能等新技术顺利落地，才能使数据要素的价值得以充分发掘，才能使战略性新兴产业、未来产业得以快速发展。进一步加大芯片领域资金投入和支持，推动芯片制造先进工艺和设计能力的提升，推进芯片设计和制造技术创新，推进超级计算机研究和推广应用，加快提升打造高质量算力的硬件基础。加强国际交流与合作，吸收算法和软件领域国际先进经验和技术，加快向量子计算、光计算、类脑计算等新型算力领域的探索，加大对算法和软件领域知识产权保护力度，加快提升高质量算力的软件基础。注重优化算力布局，持续推进"东数西算"工程，推动算力产业生态化发展，拓展算力技术在各个行业的应用。

增加发展新质生产力的绿色动能。加快发展新质生产力必然要求加快生产力的绿色化转型，助力实现碳达峰碳中和，以绿色技术驱动绿色产业发展、壮大绿色经济规模，走资源节约、生态友好的发展道路。加快构建需求导向、问题导向和市场导向的绿色技术创新体系，加快提升先进绿色低碳技术国际竞争力，进一步降低绿色技术研发推广成本，促进先进绿色技术推广应用。大力发展绿色金融和碳交易市场，发展壮大节能环保、清洁生产、清洁能源产业，做强绿色制造业，发展绿色服务业，壮大绿色能源产业，发展绿色低碳产业和供应链，打造高效生态绿色产业集群和绿色生态产业区。倡导绿色消费和低碳生活理念，推进能源革命、消费革命和绿色低碳生产生活方式，构建清洁低碳、安全高效的能源体系，建设绿色、低碳、循环经济发展体系。推进资源节约和循环利用，降低能耗、物耗，实现生产系统和生活系统循环链接，全面构建绿色低碳循环经济体系。

全面优化支撑新质生产力发展的金融供给。加快完善促进新质生产力发展的金融体系，做好全面支撑新质生产力发展的金融供给。充分发挥资本市场在激励创新创业、推动产业升级和优化公司治理等方面的积极作用，加快健全和完善多层次资本市场，提供覆盖企业全生命周期的金融服务；进一步壮大风险投资市场，促进一批革命性、颠覆性技术领域初创企业发展壮大。充分发挥各级各类银行在支持企业科技创新和产业转型升级中的作用，鼓励银行机构积极开发创新信贷产品。加大科技专项贷款和产业发展专项贷款支持力度，提升银行在重大科技攻关项目和产业转型升级项目中的参与度。进一步完善担保体系建设，提升政策性融资担保基金对企业科创贷款的担保力度，为科技创新贷款担保营造良好市场环境。

《光明日报》（2024 年 02 月 21 日第 06 版）

发展新质生产力能够扩大社会有效需求

周绍东

当前，进一步推动我国经济回升向好需要克服一些困难和挑战，主要体现为有效需求不足、社会预期偏弱等问题。习近平总书记在中共中央政治局第十一次集体学习时强调，新质生产力是创新起主导作用，摆脱传统经济增长方式、生产力发展路径，具有高科技、高效能、高质量特征，符合新发展理念的先进生产力质态。通过推动新质生产力发展，可以激活有效需求，改善社会预期，巩固和增强经济回升向好态势，持续推动经济实现质的有效提升和量的合理增长。

以新质生产力优化供给结构

当前，我国通过构建以国内大循环为主体、国内国际双循环相互促进的新发展格局，实现了内外需协同发展，经济加速复苏。

2023 年，我国国内生产总值超过 126 万亿元，比上年增长 5.2%，增速比 2022 年加快 2.2 个百分点。全年社会消费品零售总额超 47 万亿元，比上年增长 7.2%，市场规模持续扩大，需求回升十分明显。做好 2024 年经济工作，实现经济社会发展既定目标，必须继续扩大有效需求，激发消费和投资活力。

马克思主义认为，物质资料生产活动是人类生存发展的首要活动，在生产、流通、分配、消费四个经济运行环节中，生产居于决定性地位。这就意味着，激活社会总需求应从供给侧结构性改革着手。形成新质生产力是推动社会总供给结构优化的关键。生产力是人类改造自然、征服自然的能力，但生产力并不是人们赤手空拳所展现出来的力量，而是劳动者与生产资料结合起来开展生产的能力，包含了劳动者、劳动资料和劳动对象三大要素。习近平总书记指出，新质生产力"以劳动者、劳动资料、劳动对象及其优化组合的跃升为基本内涵"。因此，形成新质生产力，可以通过两种机制激活有效需求。一方面，从新质生产力的主体要素看，劳动者素质和能力的提高可以带来收入增长和支付能力的提高，进而扩大消费需求；从新质生产力的客体要素看，新的劳动资料和劳动对象的出现，会创造出新的产品和服务，这将引致消费升级进而扩大消费需求。另一方面，从新质生产力中主体和客体的结合方式看，劳动者、劳动资料、劳动对象的优化组合实质上就是微观经济主体开展投资活动的过程，促成这种优化组合的顺利实施，将有效扩大投资需求。

以新的生产要素激活有支付能力的消费需求

劳动者是生产力中最活跃的要素。唯物史观认为，人既是社会生产的主体，更是社会生产的目的。劳动者通过消费活动恢复体力和脑力，也在消费活动中实现人的全面发展。从社会生产到个人消费，中间至少包括劳动力进入就业岗位和获取劳动报酬两个环节。从第一个环节看，新质生产力的形成可以为劳动者提供更多就业机会，为劳动者增加收入提供更多可能。因此，应根据发展新质生产力的需要，在新的人才需要和人力资源供给之间搭建桥梁，通过开设新的专业和学科，优化职业培训体系，加快人才培养力度，更好满足新型岗位的人才需要，进而使劳动者获得更多收入。从第二个环节看，新质生产力催生的劳动岗位可以为劳动者提供更高的收入份额。因此，初次分配应向劳动者特别是高素质劳动力倾斜，鼓励企业在产品研发、模式设计、基础研究、渠道开发、品牌打造等岗位为高层次人才提供更优越的收入条件，从整体上提高脑力劳动、技术劳动和管理劳动的回报。

从新质生产力的客体要素看，新的劳动资料和劳动对象的出现将有力带动消费升级，创新的产品类型、良好的产品质量、优质的产品服务，都是挖掘消费需求的有效手段。一方面，新的劳动资料特别是劳动工具的创新将有助于开发新的商业模式，为消费活动提供新的渠道。譬如，新一代通信技术创造了电商、直播、众筹、社区团购等新的消费方式，极大降低了消费活动的交易成本，使得全国乃至全球商品都可进入消费者的购物清单。另一方面，劳动对象的创新将直接形成产品创新，创造出新的消费需求。譬如，基于新材料的产品创新不仅改变了生产生活环境，也使得产品性能更为多样化，从而更好地满足消费者的个性化需要。

以生产要素的优化组合促进投资需求

投资需求与消费需求共同构成了社会总需求，鼓励有效益的投资，是当前扩大有效需求的重要途径之一。新质生产力不仅来自生产力各要素迸发出的能量，也源自各要素优化组合的跃升，而劳动者、劳动资料和劳动对象以新的方式有机结合的过程，从微观上看即经济主体开展新投资的过程。在新一轮科技革命背景下，基于新一代信息技术、人工智能、大数据和云计算等先进生产力要素，出现了平台经济、共享经济、零工经济、众包、众筹等一大批新的生产组织方式。让这些新的生产要素优化组合并运转起来，激活有效益的投资需求，需要着重从三个方面着手。

一是以公平的市场准入待遇保障投资者获取生产要素。新经济的重要特点之一，就是各种不同类型的经济主体都积极参与进来，形成多种所有制共同发展、不同规模企业积极竞争的态势。为此，必须坚持对各类市场主体一视同仁、平等对待，破除不同所有制类型、不同规模、不同地区的微观经济主体在市场准入和要素获取等方面的差异化待遇，在经营运行、标准制定、招投标、政府采购等方面平等对待各类微观经济主体。

二是以通畅的产业链供应链保障投资活动顺利进行。建立紧密联系的市场流通网络，打通要素循环堵点，保障劳动、资本、技术、数据等各种生产要素依据统一的管理制度和规范，在行业、区域、城乡和国内外自由流动。围绕新质生产力的特点和要求，健全统一的劳动力市场，促进劳动力特别是高技术人才资源跨地区顺畅流动；加快发展统一的资本市场，坚持金融服务实体经济，扶持掌握核心技术和自主知识产权的中小微企业；加快培育统一的技术和数据市场，打通产学研用的对接渠道和转化路径。

三是以自主的核心技术保障投资活动取得高效益。部分产业长期低水平重复建设，会造成产能过剩、供过于求，导致投资效益不高。应坚持推进高水平科技自立自强，面向世界科技前沿、面向经济主战场、面向国家重大需求、面向人民生命健康，加强原创性、引领性科技攻关，坚决打赢关键核心技术攻坚战。充分发挥我国新型举国体制优势，用好不同类型微观经济主体的差异化优势。一方面，公有制经济和国有企业发挥其基础研究力量强大、共性技术存量丰富等特点，协调创新链上的各种生产要素，牵头开展重大科技创新活动；另一方面，中小企业特别是科技型中小企业发挥其市场触觉灵敏、机制体制灵活等特点，通过创投基金、种子投资、技术入股等方式，组建新质生产力各要素的创新型组合，在区域内形成"瞪羚企业—独角兽企业—隐形冠军企业"梯队式的市场生态和产业平台，坚持以自主的核心技术提高投资活动的效益。

《光明日报》（2024 年 02 月 22 日第 06 版）

中国新质生产力为全球发展注入新动能

孙学工　荣　晨

今年的中国政府工作报告提出，大力推进现代化产业体系建设，加快发展新质生产力。当前，新质生产力成为中国经济的热词。通过科技创新、产业升级和绿色转型，新质生产力已经在实践中形成，并展示出对中国高质量发展的强劲推动力、支撑力。同时，中国新质生产力也正为全球发展增添新活力、注入新动能。

为全球经济增长作出重要贡献

2023 年，面对复杂严峻的国内外环境，中国国内生产总值仍增长 5.2%，增速居世界主要经济体前列。按照可比价计算，中国经济增量超 6 万亿元，相当于一个中等国家一年的经济体量，对世界经济的贡献达到 30%。多年来，中国始终是世界经济增长的最大贡献者，而新质生产力又是支撑和带动中国经济持续增长的重要力量。

可以说，中国的新质生产力为全球经济增长作出重要贡献。

当前，虽然对新质生产力的相关统计并不完整，但我们可以从与新质生产力密切相关的战略性新兴产业、新一代信息技术产业和数字经济的发展与贡献中一窥新质生产力的作用与贡献。

2014—2023 年，中国战略性新兴产业增加值占国内生产总值比重由 7.6% 升至 13% 以上，根据"十四五"规划的目标，预计2025 年这一比重将升至 17%。2016—2023 年，中国新一代信息技术产业规模由 17.1 万亿元增至 27.5 万亿元，年均增长 7.7%，增加值占国内生产总值比重由 8.2% 增至 8.4%，年平均拉动经济增长 0.7 个百分点。2012—2022 年，中国数字经济规模从 11 万亿元增长到 50.2 万亿元，占国内生产总值比重由 21.6% 升至 41.5%，2023 年突破 55 万亿元，总量居世界第二。预计中国数字经济占国内生产总值比重将在 2027 年达到 60%，规模为 15.7 万亿美元。这些数据充分体现出新质生产力对经济增长发挥出了极大推动作用。

中国在以发展新质生产力实现经济持续增长的基础上，继续扩大高水平对外开放，与各国互利共赢。从今年政府工作报告中提出的一系列举措中，可见中国共享机遇与成果的决心，如继续缩减外资准入负面清单，全面取消制造业领域外资准入限制措施等。中国举措将为其他国家提供更多参与新兴产业的机遇，为全球技术进步营造良好合作氛围，对推进国际经济合作、促进地区可持续发展具有重要意义。

促进全球产业和技术变革的重要力量

技术和产业是生产力变革的具体表现形式。新质生产力以颠覆性和前沿性技术为支撑，以战略性新兴产业和未来产业为主要载体，继而形成高效能的生产力。中国新质生产力的发展有力助推全球技术变革，不断催生新产业、新模式、新动能。

中国日益成为全球新技术研发与创新的重要源头地。2023 年，中国全年研究与试验发展经费支出 3.3 万亿元，比上年增长 8.1%，研发支出绝对额居世界第二位，与国内生产总值之比为 2.64%，接近经合组织（OECD）国家的平均水平。从技术发明看，截至 2023 年年底，中国国内（不含港澳台）发明专利拥有量达 401.5 万件，同比增长 22.4%，成为世界上首个国内有效发明专利数量突破 400 万件的国家。高价值发明专利拥有量 166.5 万件，在有效发明专利中占比 41.5%，每万人口高价值发明专利拥有量达 11.8 件。在 5G 等重要领域，中国拥有的专利量居世界第一。在量子计算、人工智能、核聚变等前沿领域，中国也贡献了一批世界级的科技成果。当前中国人工智能领域企业数量已经超过 4400 家，智能晶片、开发框架、通用大模型等创新成果不断涌现，算力规模位居全球第二。中国已成为名副其实的知识产权大国，持续为全球创新发展贡献重要力量。

中国是全球创新产业化和新技术推广应用的重要基地。依托强大的制造业基础与完备的产业链，中国已然成为全球技术产业化基地与产业变革的主要策源地。当前，中国制造业增加值占全球比重约 30%，连续 14 年位居全球首位，工业制成品出口规模占全球制成品市场份额超 20%。中国是全世界唯一拥有联合国产业分类中全部工业门类的国家，多数材料、组件都能找到本土供应商，对创新原型产品快速试制并实现量产提供了强大支撑。大中小企业相互配合，得以形成产业链条成熟的产业集群和高效协作的制造业网络，这既能满足大规模标准化的生产需要，也能快速响应个性化定制需求。

依托制造业的综合优势，中国能够推动全球创新转化为生产力，实现科技成果产业化、市场化。从作为技术产业化重要载体的独角兽来看，中国是全球产生独角兽企业最多的国家之一。根据《2023全球独角兽企业 500 强发展报告》，中国有 166 家独角兽企业入围2023 全球独角兽企业 500 强，数量占比为 33.2%，居全球第二；估值合计为 10.03 万亿元，估值占比为 35.6%，居全球第二。在新技术的推广应用与验证方面，中国也走在世界前列，为新技术的快速部署应用树立了标杆。如智能设备，2023 年智能车载设备制造、智能无人飞行器制造的增加值分别增长 60.0%、20.5%；服务机器人、3D打印设备等智能化产品产量分别增长 23.3%、36.2%。目前，中国已成为全球最大的机器人市场。据统计，中国工业机器人 2022 年销量为 29 万台，占据了 52.5% 的全球市场份额，远高于排名第二的日本（5 万台）。

中国新质生产力走向世界，正在助推全球高质量发展。当前，中国的 5G 技术网络遍及世界不少国家和地区，为世界通信与移动互联网提质升级提供了底层支撑。中国的台式计算机、笔记本电脑、手机等信息终端生产量长期保持世界第一，为全球信息产业、数字经济发展提供了强有力的硬件支撑。中国的新模式也在走出国门，让世界上更多的人享受到新质生产力带来的福利。Data.ai 发布的榜单显示，2023 年前三季度，来自中国的 Temu、SHEIN、AliExpress 成为全球市场下载量增速最快的购物应用软件，全球越来越多的人开始享受中国电商提供的便捷和高性价比的商品与服务。同时，TikTok 成为全球最重要的短视频平台之一，多个国家的民众尤其是年轻人在这一平台上交流分享，开启了精彩的数字人生。

为全球绿色低碳发展提供重要支持

绿色发展是高质量发展的底色，新质生产力本质上也是绿色生产力。近年来，中国加快发展方式绿色转型，助力碳达峰碳中和，既为自身的绿色可持续发展奠定了坚实基础，也为全球绿色低碳发展提供了重要支持。

当前，中国已经建立起高效的风能、太阳能、电动汽车等生产体系，极大地降低了世界绿色低碳转型的成本，为应对气候变化等全球性挑战提供了坚实的物质基础。亚太经合组织（APEC）中国工商理事会与国家发改委国际合作中心联合发布的《超越净零碳》指出，在中国的推动下，2021 年全球太阳能光伏装机成本较 2010 年下降约 82%，陆上风机与海上风电装机成本分别下降约 35% 和 41%。

中国的新能源产品正源源不断走向世界各地，助力绿色低碳转型。国际能源署的报告显示，2022 年中国光伏产品出口总额超过 512 亿美元，同比增长超过 80%；2025 年前，在全球太阳能发电主要零部件领域，中国产品的市场占有率将有望扩大至 95%。2023 年，中国以新能源汽车、锂离子蓄电池和太阳能电池为代表的"新三样"产品在全球贸易疲软的大背景下逆势高速增长，共出口 1.06 万亿元，首次突破万亿元大关，同比增长高达 29.9%。其中，新能源汽车出海势头强劲，中国新能源汽车出口 120.3 万辆，同比增长 77.6%，是汽车出口强有力的引擎。在扩大新能源产品出口的同时，中国还加大了对其他国家可再生能源的直接投资，直接助力这些国家的能源绿色低碳转型。

可以预见，发展新质生产力将为中国的发展孕育出新动能，开拓出新纵深。向"新"而行的中国经济将长风破浪，为世界的共同发展提供更多机遇和红利，更加深刻地印证"中国好，世界会更好"。

《光明日报》(2024 年 03 月 13 日第 12 版)

形成与新质生产力相适应的新型生产关系

陈甬军

习近平总书记指出，"生产关系必须与生产力发展要求相适应。发展新质生产力，必须进一步全面深化改革，形成与之相适应的新型生产关系"。这是习近平经济思想对马克思主义基本理论的创新性应用与发展。马克思主义认为，生产力和生产关系的矛盾运动是人类历史发展的现实动力，人类社会发展的基本规律从根本上体现为生产力与生产关系、经济基础与上层建筑矛盾运动的规律。生产力决定生产关系，经济基础决定上层建筑，而生产关系和上层建筑又具有反作用。生产力是最革命、最活跃的因素，生产力的发展水平决定了生产关系的性质和形式。随着生产力的不断发展，生产关系也会相应发生变化，以适应生产力的发展要求，当生产关系适应生产力发展要求时，它会促进生产力的发展，当生产关系不适应生产力的发展要求时，它会阻碍生产力的发展。生产关系和社会制度既可以成为新技术革命产生和发展的"催生婆"和"加速器",也可能成为新技术革命产生和发展的"桎梏"和"抑制器"。新质生产力是由技术革命的重点突破不断推动而形成的,它的发展同样需要生产关系的调整和社会制度的支撑。因此,进一步推动新质生产力加快发展,就必须形成和完善与之相适应的新型生产关系。

通过深化改革完善生产关系是我国改革开放伟大实践的宝贵经验。1978年党的十一届三中全会拉开了改革开放的大幕。1984年党的十二届三中全会通过的《中共中央关于经济体制改革的决定》指出:"我们改革经济体制,是在坚持社会主义制度的前提下,改革生产关系和上层建筑中不适应生产力发展的一系列相互联系的环节和方面。这种改革,是在党和政府的领导下有计划、有步骤、有秩序地进行的,是社会主义制度的自我完善和发展。"2013年党的十八届三中全会开启了全面深化改革、系统整体设计推进改革的新时代,开创了我国改革开放的全新局面。总结和梳理改革开放四十多年来取得的伟大成就,其中一个深刻启示和主要经验就是,要在党的领导下,坚持以人民为中心,改革生产关系和上层建筑中不适应生产力发展的环节和方面,这对于在新征程上全面深化改革开放、实现第二个百年奋斗目标具有重要意义。当前形成和发展新质生产力,推动高质量发展,同样需要创造性地运用这一宝贵经验。

改革是经济社会发展的强大动力,发展是解决一切经济社会问题的关键。如果说过去的改革主要是由当时生产力的发展要求推动的,那么现在的改革就是由新质生产力的技术经济特点所推动的。习近平总书记强调,"新质生产力是创新起主导作用,摆脱传统经济增长方式、生产力发展路径，具有高科技、高效能、高质量特征，符合新发展理念的先进生产力质态。它由技术革命性突破、生产要素创新性配置、产业深度转型升级而催生，以劳动者、劳动资料、劳动对象及其优化组合的跃升为基本内涵，以全要素生产率大幅提升为核心标志，特点是创新，关键在质优，本质是先进生产力"。这一先进生产力，以新制造、新服务、新业态、新动能为具体表现形式，具有人力资本占比高、研发阶段时间长、金融支持要求高、营商环境要求高、市场渠道联系紧、政府政策配套细等特点和要求，在劳动者、劳动资料、劳动对象的优化组合方面，要求有新的用工形式、人才激励机制和企业管理方式；在数据的生产、运用和保护方面，需要有特殊的产权制度设计；在科技创新与产业融合方面，要求有高度开放的市场环境和发达的供应链相配合。尤其是在推动原始创新方面，一流的科研成果有赖于一流的实验室，需要围绕国家重大战略需求和面向未来建设实验室体系。这就要求通过科技体制改革，打通企业和科研院所之间存在的各种有形、无形的壁垒，创造条件，在可能的情况下，尽可能多地把各级各类实验室打造成公共产品。

2024年2月19日召开的中央全面深化改革委员会第四次会议指出，"今年是全面深化改革又一个重要年份，主要任务是谋划进一步全面深化改革"。这既是党的十八届三中全会以来全面深化改革的实践续篇，也是新征程推进中国式现代化的时代新篇。3月5日下午，习近平总书记参加十四届全国人大二次会议江苏代表团审议时发表重要讲话，强调要深化科技体制、教育体制、人才体制等改革，打通束缚新质生产力发展的堵点卡点，从而进一步明确了形成与新质生产力相适应的新型生产关系的具体内容。新质生产力的成长培育需要新型生产关系与其相适应，迫切要求通过深化改革来进一步完善新型生产关系。改革的重点包括：进一步完善社会主义市场经济体制，加快建设全国统一大市场，形成支撑新发展格局的基础体制条件，建立高标准市场体系，创新生产要素配置方式，让各类优质生产要素向形成新质生产力的方向顺畅流动；积极发展壮大民营经济，促进不同所有制经济在社会主义市场经济制度框架中和谐发展，催生新动能、新业态、新服务；完善营商环境，着力打造科技创新与产业融合体系、金融支持体系，为新质生产力的原始创新能力发掘和成果市场推广提供良好成长环境；完善实现共同富裕的体制机制，让全体人民共享新质生产力发展带来的财富增长；改革企业管理制度，建立适应新质生产力技术特点的企业组织结构；实施高水平对外开放，形成有利于新质生产力发展的国际环境。

　　形成与新质生产力相适应的新型生产关系是一个系统工程，必须进一步全面深化各领域各方面改革，充分发挥新型生产关系对新质生产力形成与发展的特殊推动作用，应特别重视通过改革建立与之相适应的各类管理体制和运行机制，让各类优质生产要素向发展新质生产力顺畅流动。

《光明日报》（2024 年 03 月 19 日第 11 版）

以新质生产力打造发展新优势

李晓华

新质生产力涉及领域新、技术含量高，代表一种生产力的跃迁。加快形成新质生产力，需要从理论上认识其内涵、意义和路径，从而用科学的理论指导我国经济高质量发展的实践，为经济发展注入新动能。

深入理解科学内涵

长期以来，人们把生产力定义为人类征服和改造自然的能力，它由劳动者、劳动资料、劳动对象三个部分构成。新质生产力是相对于传统生产力而言的，在生产力的性质和质量方面都有显著的提升，在劳动者、劳动资料、劳动对象三个方面都呈现出更高的水平，是代表新技术、创造新价值、适应新产业、重塑新动能的新型生产力。

新质生产力，核心在创新。科学技术是第一生产力，科技的发展会推动劳动者素质、劳动资料、劳动对象发生深刻变革，极大地提高社会生产力。新质生产力中包含大量前沿性且能够产生颠覆性影响、对经济增长具有重大推动作用的新科技。这些新科技的创新和应用进一步提高知识、技术在经济增长中的重要性，数字科技的快速发展和广泛应用还使数据成为关键的生产要素，由此推动经济增长不断从资源、资本等传统要素驱动的粗放型发展转向知识、技术、数据等新型生产要素驱动的集约高效型发展。技术创新不但使包括生产工具在内的劳动资料发生重大改变，而且也会对劳动对象提出新要求，催生新的劳动对象或使既有的劳动对象发生显著变化。比如，动力电池技术的发展使金属锂的重要性提高，通过技术复杂的生产过程将锂矿石加工成动力电池中重要的电极材料。同时，新科技的发展不仅要求劳动者在创新中发挥更重要的作用，颠覆性技术创新还会对生产力中的劳动力素质提出新的要求，需要形成一支掌握新的科学技术、工程技术、商业模式和管理方法的劳动力队伍。

新质生产力，主要载体是产业。科技创新需要通过转化为劳动资料和劳动对象，才能成为改造自然的力量并用于对自然进行改造，成为推动经济社会发展的动力。由前沿技术、颠覆性技术创新和产业化所形成的物质资料的整体构成了新兴产业，是新质生产力的重要表现。与传统产业相比，新兴产业是由前沿技术的突破、成熟和产业化所形成和推动的，这些前沿技术与既有技术存在根本差异，具有颠覆性特征，创造出具有全新功能的产品或服务，或者使生产具有相同功能的产品或服务的技术路线发生根本性改变。新质生产力所对应的是技术密集度更高、发展潜力更大的新兴产业，在技术成熟和实现大规模产业化后，新兴产业会表现出明显高于传统产业的研发强度、增加值率和企业投资回报率。

综合来看，新质生产力在性质上表现为颠覆性创新的大量出现并通过产业化释放出巨大的增长动能，知识、技术和数据等新型生产要素的重要性日益凸显，新兴产业在国民经济中的比重明显提高；在质量上，不仅表现为具有更高技术水平、更好经济效益、环境更加友好的新兴产业的快速发展带动经济发展质量的提升，而且表现在前沿性、颠覆性技术的成熟和扩散、渗透与融合使国民经济各个行业都实现质的跃升。

充分认识重要意义

提出形成和发展新质生产力，是我国生产力发展的内在要求，也是实现中国式现代化的战略目标以及适应外部环境变化对生产力进行调整的需要。

形成新质生产力是推动我国经济实现高质量发展的重要动力。当前我国正向着全面建成社会主义现代化强国的战略目标迈进，高质量发展是全面建设社会主义现代化国家的首要任务。过去，我国经济增长主要依赖于传统要素投入规模扩大带来的同质性扩张，但是传统要素投入存在边际收益递减，同时，我国在劳动、土地等传统要素上的成本优势也在逐步削弱，生态环境保护、节能降碳对产业发展的约束不断趋紧。推动经济高质量发展既需要传统产业的转型升级、提质增效，还需要通过加快形成新质生产力，培育新的动力源，为我国经济发展注入新动能，提高全要素生产率。新质生产力形成的新兴产业不但具有全新的功能、能够创造全新的价值，而且具有更高的技术含量、更好的经济效益，因此可以推动经济发展质量持续提高，满足人民群众日益增长的美好生活需要，有力支撑全面建成社会主义现代化强国目标的实现。

形成新质生产力是抓住新一轮科技革命和产业变革机遇的必然要求。当前，新一轮科技革命和产业变革深入推进，不断有前沿技术和颠覆性技术涌现、成熟、应用和扩散，催生新产品（服务）、新模式、新业态，形成一系列新兴的细分产业。在颠覆性技术所形成的新兴产业领域，一方面，技术和产业都处于发展初期，各国处于大致相同的起跑线上，没有现成的经验可以模仿借鉴；另一方面，新兴产业发展存在高度的不确定性，会打破对技术和市场发展的路径依赖，原有技术优势和市场地位对新兴产业发展的重要性显著降低。因此，新兴产业成为后发国家"换道超车"的重要领域。形成新质生产力与新兴产业的培育壮大息息相关，是抓住新一轮科技革命和产业变革机遇、加快培育经济增长新引擎、在新领域新赛道实现跨越式发展的需要。

形成新质生产力是应对全球地缘政治格局变化的有力支撑。当今世界正经历百年未有之大变局，世界政治经济格局的不稳定不确定性因素增多，我国经济发展面临的国际形势更加严峻，美西方国家为了保持其在科技、产业领域的领先地位和对全球价值链的掌控，维系其国际霸权，采取各种手段对中国高科技产业发展和产业升级进行打压遏制。在传统产业领域，发达国家由于多年的积累形成了很高的技术壁垒和大量的默会知识，我国在产业链上缩小差距、补上断点短板需要克服重重障碍。在新兴产业领域，各国基础和起点接近，我们如果能够通过前瞻布局和率先发力，实现产业化突破，并在产业化和市场需求的互动中加快技术迭代，持续改进产品性能、降低生产成本，就有可能在新兴产业的一些细分赛道中取得领先优势，从而有力维护产业链供应链安全，更好地推进经济全球化。

切实找准形成路径

新质生产力的核心推动力是科技创新，并通过科技创新引领战略性新兴产业、未来产业的形成和发展壮大。这是形成新质生产力的"一体两翼"。

"一体"是科技创新。形成新质生产力的科技创新不是一般性的科技创新，而是具有巨大潜力的基础科学、前沿技术和颠覆性技术的创新。这些重大的科技创新有望开辟全新的产业领域，并使既有产业领域在各个方面发生深刻的变革。前沿科技的发展没有其他国家的经验可以借鉴，因此需要调动科研机构、科学家、企业甚至具有技术专长的个人的创造力。国家需要加大对基础科学、产业共性技术研发的投入，也需要鼓励科学家自主选择研发方向，并允许科学研究的失败。通过提高研发费用加计扣除比例等举措，鼓励企业投入更多资金进行前沿技术探索。此外，还要支持国内机构建立前沿技术开源平台，吸引国内外企业、科技人才贡献智慧、分享成果。

"两翼"的一翼是战略性新兴产业。战略性新兴产业已经进入大规模产业化阶段，但从产业生命周期来看，还处于快速发展阶段，具有巨大的发展空间，同时在技术路线上仍具有不确定性，技术尚未完全成熟，产品在性能、价格等方面与具有相同功能的既有产品相比还缺乏竞争力。对于战略性新兴产业，除了要继续支持各方面对技术创新的投入，还要加大对市场应用的支持，通过市场拉力加速技术的成熟和产业发展壮大。我国要利用超大规模市场优势，加快在战略性新兴产业形成掌握核心技术的行业龙头企业，并形成较为完整的产业链条。

"两翼"的另一翼是未来产业。未来产业是已经出现产品原型，但尚未进入产业化阶段的产业。一般认为，未来产业需要经历 5 年甚至更长时间才能够进入大规模产业化阶段并转化为战略性新兴产业，所以未来产业是明天的战略性新兴产业，代表着产业的发展方向。尽管当前未来产业尚未进入产业化阶段，规模比较小，但通过提前谋划布局前沿技术研发和工程化转化，有利于掌握核心技术、逐步完善产业生态，在未来产业进入大规模生产阶段时掌握主动和先机，率先将产业做大并形成在关键环节的全球领先优势。

推动新质生产力的形成，还需要在生产要素、基础设施、市场环境等方面创造更好的条件。通过提高劳动者素质，培育适应新质生产力发展要求的劳动力队伍；通过完善新型基础设施，有力支撑科技创新、产业转化和商品流通；通过深化体制机制改革，激发经营主体创新、创业和投资于新兴产业的活力和动力；通过加强国际合作，推动先进技术、数据、高技术产品和服务的贸易自由化和投资便利化。总之，要通过夯实发展基础，优化发展环境，加快形成新质生产力，打造发展新优势。

《经济日报》（2023 年 12 月 12 日第 10 版）

释放创新动能引领新质生产力发展

陆园园

近日召开的中央经济工作会议指出，要以科技创新推动产业创新，特别是以颠覆性技术和前沿技术催生新产业、新模式、新动能，发展新质生产力。新质生产力涉及领域新、技术含量高，必须加快释放创新动能，坚持以科技创新引领发展。

深刻认识和把握新质生产力

"新质生产力"是对马克思主义生产力理论的创新和发展，进一步丰富了习近平经济思想的内涵，既有重要的理论意义，又有深刻的实践意义。习近平总书记指出，"整合科技创新资源，引领发展战略性新兴产业和未来产业，加快形成新质生产力""积极培育新能源、新材料、先进制造、电子信息等战略性新兴产业，积极培育未来产业，加快形成新质生产力，增强发展新动能"。习近平总书记关于新质生产力的重要论述，为我们认识和把握新质生产力提供了根本遵循。

发展新质生产力是推动我国经济实现高质量发展的重要动力。新质生产力有别于传统生产力，是科技创新在其中起主导作用的生产力，是符合高质量发展要求的生产力。新质生产力以创新为第一动力、智能为重要资源、数据为核心生产要素，是代表新技术、创造新价值、适应新产业、重塑新动能的新型生产力。整合科技创新资源，引领发展战略性新兴产业和未来产业，加快形成新质生产力，是摆在我们面前的重要任务。发展新质生产力，才能为高质量发展注入源源不断的动力，夯实全面建设社会主义现代化国家的基础。

发展新质生产力是抓住新一轮科技革命和产业变革机遇的必然要求。当前，新一轮科技革命和产业变革深入推进，不断有前沿技术和颠覆性技术涌现、成熟、应用和扩散，催生新产品、新服务、新模式、新业态，形成一系列新兴的细分产业。发展新质生产力与新兴产业的培育壮大息息相关，是加快培育经济增长新动能、在新领域新赛道实现跨越式发展的需要。新质生产力将推动产业体系向高质量、高效率、可持续方向发展，成为推动传统制造业升级的关键驱动力，为制造强国建设提供新引擎。

高水平科技自立自强至关重要

党的二十大报告对加快实施创新驱动发展战略作出重要部署，要求"加快实现高水平科技自立自强"。习近平总书记主持二十届中央政治局第二次集体学习时指出，"加快科技自立自强步伐"。在第十四届全国人民代表大会第一次会议上，习近平总书记强调，"着力提升科技自立自强能力"。习近平总书记的系列重要讲话深刻阐明了科技自立自强的重要性与紧迫性。高水平科技自立自强是形成和发展新质生产力的可靠保证。

科技自立自强是国家强盛之基、安全之要。创新是一个民族进步的灵魂，是一个国家兴旺发达的不竭动力。实践证明，中国要强盛，中华民族要复兴，就一定要大力发展科学技术，不断提升应对重大挑战、抵御重大风险，维护国家安全和战略利益的实力。加快建设科技强国是全面建设社会主义现代化国家、全面推进中华民族伟大复兴的战略支撑。推进科技自立自强彰显我们党把握科技发展主动权的历史自觉，必须深刻洞察时与势，辩证把握危与机，集中力量推进科技创新，努力于危机中育先机、于变局中开新局。

实现高水平科技自立自强，对于全面建设社会主义现代化国家至关重要，对于立足新发展阶段、贯彻新发展理念、构建新发展格局、推动高质量发展，赢得新一轮科技革命和产业变革主动权具有十分重要的意义。只有实现高水平科技自立自强，才能为构建新发展格局、推动高质量发展提供新的成长空间、关键着力点和主要支撑体系，使高质量发展更多依靠创新驱动的内涵型增长。要坚持把科技自立自强作为我国现代化建设的基础性、战略性支撑，开辟发展新领域新赛道，不断塑造发展新动能新优势。

充分发挥科技创新引领作用

发展新质生产力，创新是核心所在。面向未来，必须坚持以科技创新引领新质生产力发展。要加快实现高水平科技自立自强，建设现代化产业体系，推动高质量发展，为全面建设社会主义现代化国家、全面推进中华民族伟大复兴注入不竭动力。

一是以科技创新推动产业创新。发挥科技创新对新一代信息技术、人工智能、生物技术、新能源、新材料、高端装备、绿色环保等产业发展的引领带动作用。加强应用基础研究和前沿研究，特别是以颠覆性技术和前沿技术催生新产业、新模式、新动能。依托新质生产力，推进产业智能化、绿色化、融合化，建设具有完整性、先进性、安全性的现代化产业体系。

二是加快推动制造业重点产业链高质量发展。完善新型举国体制，强化战略科技力量，着力补短板、锻长板、强基础。围绕制造业重点产业链，找准关键核心技术和零部件薄弱环节，集中优质资源合力攻关，推进制造业"智改数转网联"。加强质量支撑和标准引领，提升产业链供应链韧性和安全水平，保证产业体系自主可控和安全可靠，实现高质量发展和高水平安全良性互动。

三是大力推进新型工业化。一方面，加快推动人工智能发展，打造新能源、新材料、生物制造、商业航天、低空经济等战略性新兴产业，开辟量子信息、生命科学、类脑智能、氢能与储能等未来产业新赛道，培育未来经济增长的新动能。另一方面，广泛应用数智技术、绿色技术，加快传统产业转型升级，激发传统产业活力。

四是强化企业科技创新主体地位。发挥科技型骨干企业引领支撑作用，促进科技型中小微企业健康成长，推进创新链产业链资金链人才链深度融合。鼓励发展创业投资、股权投资，打通"科技—

产业—金融"链条，促进金融更好地支持科技创新。深化科技体制改革，不断提高科技成果转化和产业化水平，健全科技评价体系和激励机制，为创新人才脱颖而出、尽展才华创造良好环境。

《经济日报》（2023 年 12 月 22 日第 11 版）

前瞻布局未来产业发展新质生产力

胡拥军

中央经济工作会议强调，"以颠覆性技术和前沿技术催生新产业、新模式、新动能，发展新质生产力"，要求"开辟量子、生命科学等未来产业新赛道"。前瞻布局未来产业是重塑国际竞争新优势的必答题，是打造经济增长新引擎、培育产业体系新支柱的抢答题，是发展新质生产力的重中之重。

认识新质生产力本质特征

观瞻历史，一个时代有一个时代的未来产业。从未来产业看新质生产力，新质生产力由技术革命性突破、生产要素创新性配置、产业深度转型升级而催生，代表新一轮科技革命和产业变革浪潮下从工业化转型向数字化转型的先进生产力质态。

新质生产力具有"高质量发展"特征。随着未来产业的群体性涌现，新质生产力意味着社会生产函数发生质的跃迁变化、全要素生产率的大幅提升，更多凸显技术、知识、数据等新型生产要素的密集投入，经济增长模式从更多依靠增加要素数量的外延式增长转向更多依靠创新驱动的内涵型增长。

新质生产力具有"大科创驱动"特征。区别于传统生产力面临的关键核心技术"卡脖子"问题，以颠覆性技术和前沿技术催生的未来产业不断发展，意味着新质生产力在新一轮科技革命与我国加快转变经济发展方式的历史性交汇中逐步孕育形成。科技创新从更多依靠应用研究与集成创新转向更多依靠基础研究与原始创新，为新质生产力构筑强大基石。

新质生产力具有"新产业载体"特征。技术密集度更高、发展潜力更大的未来产业是新质生产力发展的集中体现，这意味着新质生产力从更多依靠原有支柱产业的持续扩张转向更多依靠新兴支柱产业的培育壮大，通过一体推进"科技—产业—金融"良性循环，以新产品、新产业、新业态为代表的供给体系明显优化。完整性、先进性、安全性的现代化产业体系构成新质生产力最鲜明的产业载体。

新质生产力具有"强比较优势"特征。区别于传统生产力依托的人口资源禀赋优势，未来产业高度依赖于数据资源投入。我国拥有的数据资源快速增长，未来有可能成为全球最大的数据圈，这意味着新质生产力对应的生产要素规模与结构发生深刻变化，其中数据成为最具时代特征的生产要素，数据快速融入生产、分配、流通、消费等各环节，加速线上线下、生产生活、国内国际全面贯通。数据比较优势的赋能效应将推动发展方式、经济结构、增长动力发生根本性改变。

前瞻布局未来产业意义重大

作为新质生产力最活跃的先导力量，未来产业处于产业萌芽阶段，但能对经济社会起到全局性引领性变革作用。从未来产业洞察新质生产力，新质生产力既具有先发效应，即先行国家与地区一旦在技术创新与产业转化上取得突破，就能够迅速构筑包括知识产权、产品标准等在内的先发壁垒；也具有融合赋能效应，未来材料、未来网络等能够广泛渗透传统产业链上下游各个环节，引领传统优势产业高端化、智能化、绿色化转型；还具有路径颠覆效应，能够不断突破人类认知极限和物理极限、拓展新的发展空间，深刻改变经济活动运行方式与企业组织经营模式等。

抢占国际竞争制高点的迫切需要。未来产业正成为当前及今后较长时期全球产业竞争最激烈的战略必争之地。从全球形势看，美国、欧洲等纷纷出台战略规划，前瞻布局未来产业。从历史镜鉴看，在光刻机、工业软件、操作系统等20世纪70年代至80年代的未来产业领域，我国起步并不晚，但由于技术、市场、政策等因素制约，这些当时的未来产业没有得到有效培育壮大，一定程度上导致出现当前关键核心技术"卡脖子"问题。结合全球形势与历史镜鉴，前瞻布局未来产业、加快形成新质生产力刻不容缓，是增强自主发展能力、锻造非对称技术优势不容错过的战略机遇。

打造经济增长新引擎的战略选择。当前，我国经济回升向好面临一些困难挑战，前瞻布局未来产业，既有利于培育发展一批产业规模大、带动能力强的新支柱产业，为建设现代化产业体系提供更为坚实的战略支撑，也有利于增强经济发展韧性，不断增强国内大循环内生动力和可靠性、提升国际循环质量和水平，推动经济实现质的有效提升和量的合理增长。

发挥体制机制和市场优势

随着新一轮科技革命和产业变革深入推进，围绕未来产业的全球竞争越来越激烈，对于我国而言，前瞻布局未来产业、加快形成新质生产力关键要在体制机制、市场产业等方面发挥自身优势、探索特色模式。

一方面，发挥有为政府作用，突出新型举国体制优势。从技术支撑看，发挥新型举国体制优势在于集中力量建设大科学装置，组建适应未来产业发展需要的新型研发机构，组织重大科研计划，强化国家战略科技力量，大幅提升科技攻关体系化能力，在若干重要领域形成竞争优势、赢得战略主动。从产业支撑看，发挥新型举国体制优势在于通过国家发展规划、专项规划以及重大工程、重大项目、重大改革等，围绕国家战略需求，超前部署一批事关国家长远发展的未来产业，全国一盘棋引导地方政府、各类企业加大对未来产业的支持。

另一方面，发挥有效市场作用，突出超大规模市场优势。加快形成新质生产力关键在于完成从科技成果到产业转化的跃升。从市场规模看，我国超大规模市场为未来产业孵化提供了技术熟化、产品中试、早期市场等全链条支撑，而多样化的应用场景、差异化的细分市场也有利于催生更多未来产业技术路线与发展模式。从产业配套看，我国具有全球最完备的产业体系，能够快速整合优化不同生产工艺组合、不同生产环节资源，未来产业的技术路线一旦成熟，就能快速实现低成本、大规模产业化，把前沿技术转变成新质生产力。当前，长三角等地形成了许多具有国际竞争力的产业集群，这些产业集群为培育未来产业、形成新质生产力提供了良好的产业配套条件。

聚焦关键环节扎实推进

发展新质生产力，必须全面深化改革，形成与之相适应的新型生产关系，让各类先进优质生产要素向其顺畅流动。未来产业处于产业生命周期的萌芽阶段，培育未来产业更依赖科技创新、更需要前瞻布局、更渴望耐心资本。

一是夯实技术策源基础。未来产业的技术策源要立足于高水平科技自立自强，充分发挥科学家、企业家两个主体积极性，探索"科学家＋企业家"的科技协同创新机制，推进"企业家出题、科学家答题""科学家给技术、企业家用技术"的联动模式，既要沿着"基础理论创新—工程技术创新—产品开发设计—商品产业转化"的路径，从理论突破开始，相继把基础理论变成工程图纸、实验室样品、小试中试产品再到大规模产业化的商品，又要沿着"巨大潜在市场需求—关键核心技术攻关—产品开发设计—商品产业转化"的路径，让市场需求倒逼技术攻关进而催生未来产业。

二是梯次布局产业发展。从近期看，上海、广东等多地率先布局未来产业新赛道，已出现液态太阳能燃料、神经形态芯片等一批突破性创新产品。这些产品面临从小试中试到大规模市场化的关键跳跃，是近期培育未来产业的重点赛道。从中期看，我国在新能源、新材料、智能制造等领域已出现引领性工程技术，这是中期布局未来产业的重点领域，需要把不断迭代成熟的工程技术与潜在的应用需求结合起来，开发出更多供需适配的创新产品。从远期看，从0到1的基础研究不足是制约我国长周期增长与高质量发展的瓶颈因素，当前在核聚变、类脑智能、泛基因组等领域出现一批前沿性基础研究成果，这些领域是远期布局未来产业的战略方向。

三是推动耐心资本投入。针对未来产业孵化培育长周期、高风险、战略性特征，未来产业比其他产业更需要有耐心的资金支持。一方面，要强化政府资金耐心投，引导各类政府产业投资基金以一定比例支持未来产业，建立健全政府科技研发资金、政府产业引导资金与市场化投资基金的联动机制。另一方面，要引导社会资金放心投，鼓励金融机构创新适应未来产业特征的金融产品与服务，引导保险资金等长期资金加大对未来产业的投入。

《经济日报》（2024年02月28日第10版）

新质生产力是新时代实践和理论创新的集成

顾海良

恩格斯在论及《资本论》的理论创新和科学精神时提出，"一门科学提出的每一种新见解都包含这门科学的术语的革命"。列宁指出，"只有把社会关系归结于生产关系，把生产关系归结于生产力的水平，才能有可靠的根据把社会形态的发展看作自然历史过程"。新质生产力的理论创新，是以党的十八大以来中国经济发展的实际和中国经济学自主知识体系的创新为基础的，同时又为经济发展新的实践和经济学自主知识体系的创新提供了"可靠的根据"，实现了中国经济学的"术语的革命"，凸显了习近平经济思想的理论境界。

新质生产力是新时代生产力"中国话语"的升华

解放生产力和发展生产力是坚持和发展中国特色社会主义的本质要求，也是习近平经济思想的重要内涵。党的十八大以后，习近平总书记提出的"最大限度解放和激发科技作为第一生产力所蕴藏的巨大潜能"和"实现我国社会生产力水平总体跃升",是认识和理解新质生产力的本质特征和基本内涵的理论基石,也是新质生产力中国话语表达的学理基础。

根据进入 21 世纪以来世界和中国经济社会和科学技术发展态势的新变化,习近平总书记 2014 年就从社会生产力发展的高度,对工程科技在推进科学技术进步中的作用作出新的判断,认为"人类生存与社会生产力发展水平密切相关,而社会生产力发展的一个重要源头就是工程科技"。20 世纪下半叶信息技术引发的第三次产业革命,使社会生产和消费从工业化向自动化、智能化转变,使工程科技出现重大突破,实现了科学发现同产业发展的直接结合。工程科技成为经济社会发展及其过程的主要驱动力,使科学技术作为第一生产力在国家创新驱动发展战略中的重要作用更加凸显。习近平总书记提出:"要发展就必须充分发挥科学技术第一生产力的作用。我们把创新驱动发展战略作为国家重大战略,着力推动工程科技创新,实现从以要素驱动、投资规模驱动发展为主转向以创新驱动发展为主。"这深刻把握了在工程科技作用下社会生产力发展呈现出由数量增速向质态变化的新趋势。

党的十八大作出了实施创新驱动发展战略的重大部署,强调科技创新是提高社会生产力和综合国力的战略支撑,必须摆在国家发展全局的核心位置。在 2014 年 6 月召开的中国科学院第十七次院士大会、中国工程院第十二次院士大会上,习近平总书记指出,"实施创新驱动发展战略,最根本的是要增强自主创新能力,最紧迫的是要破除体制机制障碍，最大限度解放和激发科技作为第一生产力所蕴藏的巨大潜能"。对"最大限度解放和激发科技作为第一生产力所蕴藏的巨大潜能"的概括，进一步深化了科学技术是第一生产力理论，体现了对新科学技术革命中生产力变革的新认识，是新质生产力理论形成的基石。

从"实现我国社会生产力水平总体跃升"的视角，把握中国经济发展的大逻辑，是党的十八大以后习近平总书记对生产力理论中国话语探索的集中体现。2014 年 7 月，习近平总书记强调，"努力提高创新驱动发展能力、提高产业竞争力、提高经济增长质量和效益，实现我国社会生产力水平总体跃升"。经济发展进入新常态，没有改变我国发展仍处于可以大有作为的重要战略机遇期的判断，改变的是重要战略机遇期的内涵和条件；没有改变我国经济发展总体向好的基本面，改变的是经济发展方式和经济结构。以"社会生产力水平总体跃升"为标志的中国话语，是关于生产力理论探索的深刻凝练，是提出新质生产力的理论基石。

"最大限度解放和激发科技作为第一生产力所蕴藏的巨大潜能"和"实现我国社会生产力水平总体跃升"的两大理论基石，阐明了生产力形成新的质态的"巨大潜能"，阐明了新质生产力对"总体跃升"的强大作用。

新质生产力体现中国经济学自主知识体系精粹

新质生产力理论是习近平经济思想的新的重大丰富和发展，是基于新发展理念、新发展阶段和新发展格局等中国经济学自主知识体系精粹的集成。在《关于〈中共中央关于制定国民经济和社会发展第十三个五年规划的建议〉的说明》中，习近平总书记提出，"发展理念是发展行动的先导，是管全局、管根本、管方向、管长远的东西，是发展思路、发展方向、发展着力点的集中体现"。新发展理念是中国经济学自主知识体系的主导性理论，确立了新质生产力所蕴含的创新、协调、绿色、开放、共享的根本特性。创新发展，注重解决发展动力问题，是引领发展的第一动力；协调发展，着力解决发展不平衡问题，是持续健康发展的内在要求；绿色发展，集中解决人与自然和谐问题，是永续发展的必要条件和人民对美好生活追求的重要体现；开放发展，注重解决发展内外联动问题，是国家繁荣发展的必由之路；共享发展，突出解决社会公平正义问题，是中国特色社会主义的本质要求。这五大发展理念，形成"崇尚创新、注重协调、倡导绿色、厚植开放、推进共享"的有机整体，铸就新质生产力的主要内涵和基本特征。

2020 年是全面建成小康社会和"十三五"规划圆满收官之年。在这个具有里程碑意义的一年，习近平总书记提出要建立以国内大循环为主体、国内国际双循环相互促进的新发展格局，强调"'十四五'时期是我国全面建成小康社会、实现第一个百年奋斗目标之后，乘势而上开启全面建设社会主义现代化国家新征程、向第二个百年奋斗目标进军的第一个五年，我国将进入新发展阶段"。新发展阶段和新发展格局是中国经济学自主知识体系的重要标志，从理论上确立了我国生产力快速量变中正在发生部分质变的"新质"的基本样态。

如何发展新质生产力

进入新发展阶段，国内外环境的深刻变化带来一系列新机遇和新挑战。人民对美好生活的要求不断提高，我国发展不平衡不充分问题仍然突出，创新能力不适应高质量发展要求，生态环保任重道远，民生保障存在短板，社会治理还有弱项。实现高质量发展，必须实现依靠创新驱动的内涵型增长。新发展阶段凸显以科技创新催生新发展动能、以深化改革激发新发展活力、以高水平对外开放打造国际合作和竞争新优势的根本特征和发展路向。同时，新发展阶段还要通过创新以共建共治共享拓展社会发展新局面，适应社会结构、社会关系、社会行为方式、社会心理等深刻变化，实现更加充分、更高质量的就业，健全全覆盖、可持续的社保体系，强化公共卫生和疾控体系，促进人口长期均衡发展等。新发展阶段引致的生产力"新质"样态变化，内在地要求推进生产关系的完善和发展，推进国家治理体系和治理能力现代化。

加快形成以国内大循环为主体、国内国际双循环相互促进的新发展格局，旨在推进新形势下国内经济过程和环节之间的持续性、整体性发展，进一步培育我国参与国际合作和竞争新优势，使新发展格局促进和助推中国全面开放新格局的跃升。新发展格局要把满足国内需求作为发展的出发点和落脚点，加快构建完整的内需体系，大力推进科技创新及其他各方面创新，加快推进数字经济、智能制造、生命健康、新材料等战略性新兴产业发展，形成更多新的增长点、增长极，使对经济发展格局的新谋划与经济过程变化的实际相契合。加快构建新发展格局，要坚持以推动高质量发展为主题，把实施扩大内需战略同深化供给侧结构性改革有机结合起来，着力提高全要素生产率，着力提升产业链供应链韧性和安全水平，着力推进城乡融合和区域协调发展，推动经济实现质的有效提升和量的合理增长。新发展格局是以生产力的"新质"的形成为基础的，生产力的质的跃升是新发展格局得以形成的根本动力。

新发展理念、新发展阶段和新发展格局，成为新质生产力思想内涵、学术意蕴和理论特征的极其丰富的来源。同时，新质生产力的形成，使得无论是新发展理念还是新发展阶段、新发展格局，都获得了新时代的"可靠的根据"。

新质生产力是现代化经济体系和高质量发展的根本势能

我国已进入高质量发展阶段，社会主要矛盾已经转化为人民日益增长的美好生活需要和不平衡不充分的发展之间的矛盾。这就需要深入研究市场变化，理解现实需求和潜在需求，在解放和发展社会生产力中更好满足人民日益增长的美好生活需要。全面建设社会主义现代化国家新征程上，"需要"的内在动力引发社会生产力的新的发展，成为新质生产力发展的根据；新质生产力作为推进社会全面发展和进步的革命力量，将最大限度地解放和激发社会生产力的巨大潜能，推动实现新时代社会生产力水平的总体跃升。

建设现代化经济体系是我国发展的战略目标，是推动高质量发展、全面提高经济整体竞争力的必然要求。现代化经济体系，是由社会经济活动各个环节、各个层面、各个领域的相互关系和内在联系构成的有机整体，涵盖以下方面：建设创新引领、协同发展的产业体系；建设统一开放、竞争有序的市场体系；建设体现效率、促进公平的收入分配体系；建设彰显优势、协调联动的城乡区域发展体系；建设资源节约、环境友好的绿色发展体系；建设多元平衡、安全高效的全面开放体系；建设充分发挥市场作用、更好发挥政府作用的经济体制。这七个方面的发展，要以社会生产力的"新质"形成为前提、为条件。只有加快培育和发展新质生产力，解放和激发巨大潜能，实现社会生产力水平总体跃升，才能达到现代化经济体系建设的目标。

建设现代化经济体系是新时代中国经济发展的重大理论命题和实践课题。要以供给侧结构性改革为主线，着力推动经济发展质量变革、效率变革、动力变革，提高全要素生产率，加快建设实体经济、科技创新、现代金融、人力资源协同发展的产业体系；要以加快创新型国家建设为战略支撑，瞄准世界科技前沿，强化基础研究，实现前瞻性基础研究、引领性原创成果重大突破，加强国家创新体系建设，强化战略科技力量。现代化经济体系建设需要以新质生产力发展为动力、为基础，新质生产力在现代化经济体系中能够发挥巨大潜能。

实现高质量发展是建设现代化经济体系的关键所在。高质量发展要求实现产业体系比较完整，生产组织方式网络化、智能化，创新力、需求捕捉力、品牌影响力、核心竞争力强，产品和服务质量高。从需求看，高质量发展应该不断满足人民群众个性化、多样化、不断升级的需求，这种需求引领供给体系和结构的变化，供给变革又不断催生新的需求。从投入产出看，高质量发展应该不断提高劳动效率、资本效率、土地效率、资源效率、环境效率，不断提升科技进步贡献率，不断提高全要素生产率。实现高质量发展，根本上是要推动经济实现质的有效提升和量的合理增长，这就首先要求社会生产力自身"实现质的有效提升"，发挥生产力的巨大潜能。

高质量发展和现代化经济体系，必然要通过新质生产力的培育和发展来推动和支撑。新质生产力既是我国实现高质量发展的必然前提和决定力量，也是建设现代化经济体系的坚实基础和根本动力。

新质生产力是全面推进中国式现代化的先进生产力质态

新质生产力是新时代先进生产力水平跃升的集中体现。生产力跃升的特征，呈现于以劳动者、劳动资料、劳动对象及其优化组合的全部过程之中，呈现于以创新性科学技术特别是工程技术和前沿技术为内核的新产业、新模式、新动能之中。新质生产力的形成，是现实的经济社会发展过程已经存在并继续发展的基本的经济事实、特别是新发展阶段中国式现代化建设过程的基本事实的科学概括。

中国式现代化的全面推进，是新发展阶段中一个动态的、积极有为的、始终洋溢着新质生产力生机活力的过程。党的二十大报告提出了到 2035 年我国发展的总体目标，其中包括：经济实力、科技实力、综合国力大幅跃升，人均国内生产总值迈上新的大台阶，达到中等发达国家水平；实现高水平科技自立自强、进入创新型国家前列；建成现代化经济体系，形成新发展格局，基本实现新型工业化、信息化、城镇化、农业现代化；人民生活更加幸福美好，居民人均可支配收入再上新台阶，中等收入群体比重明显提高，基本公共服务实现均等化，农村基本具备现代生活条件，社会保持长期稳定，人的全面发展、全体人民共同富裕取得更为明显的实质性进展；广泛形成绿色生产生活方式，碳排放达峰后稳中有降，生态环境根本好转，美丽中国目标基本实现；等等。这些宏伟目标，无不与新质生产力的发展有着不可分割的内在联系。能否最大限度解放和激发科技作为第一生产力所蕴藏的巨大潜能，实现我国社会生产力水平总体跃升，加快发展新质生产力，已经实际地成为基本实现社会主义现代化奋斗目标的重要问题。

中国式现代化要以新质生产力的发展为基础和动力，新质生产力的发展也是中国式现代化全面推进的标识和验证。全面推进中国式现代化，首先离不开劳动过程主体能力的发展。劳动者的劳动能力通过科技创新可以提升到新的高度。掌握先进技术和科学知识，在劳动过程中能够适应数字化、智能化要求的劳动者，日益成为解放和发展生产力过程的主体力量。其次，作为劳动过程客体的劳动资料，发生着质态上的新变化，先进的工程技术在新产业、新动能的作用下发生着新的变革，人工智能、虚拟现实和增强现实设备、自动化制造设备等全新的劳动资料，日益成为推动生产力发展的重要力量；科技创新特别是原创性、颠覆性科技创新成果竞相涌现，形成劳动过程中新质生产力的新动能。再次，作为劳动过程客体的劳动对象，同样发生着质态上的新变化，新材料、新能源等新的劳动对象，借助物质形态的高端智能设备特别是包括数据等非实体形态的新型生产要素，释放出巨大的潜能。新质生产力是全面推进中国式现代化的先进生产力质态，中国式现代化也在新质生产力势能和潜能的迸发中尽显人类文明新形态的时代光辉。

　　党的十八大以来，从经济新常态、供给侧结构性改革、新发展理念、新发展格局、新发展阶段、现代化经济体系、高质量发展，到全面推进中国式现代化，不仅刻画了新时代中国特色社会主义经济发展的实践过程，同时也成就了中国经济学自主知识体系的理论创新，新质生产力所实现的"术语的革命"就是这一实践过程和理论创新的集成，彰显了中国智慧和中国力量。

　　　　　　　《经济日报》（2024 年 03 月 19 日第 01 版）

马克思主义生产力理论的重大创新

崔友平

习近平总书记指出："高质量发展需要新的生产力理论来指导，而新质生产力已经在实践中形成并展示出对高质量发展的强劲推动力、支撑力，需要我们从理论上进行总结、概括，用以指导新的发展实践。"新质生产力的提出，是我们党对马克思主义生产力理论的重大创新。

马克思主义生产力理论的主要观点

马克思主义认为，生产劳动是人类社会存在和发展的基础。人们的生产劳动过程，必须具备三个简单的因素：劳动者的劳动、劳动资料和劳动对象。人们在劳动过程中要结成人与自然、人与人之间的关系。社会生产力就是具有相当生产经验和劳动技能的劳动者和他们所使用的生产资料结合起来在物质资料生产过程中所发生的力量，它表明人类在生产过程中征服和改造自然界，并获得适合自己需要的物质资料的能力。生产力的发展状况标志着人类社会发展水平以及人类改造和利用自然的广度和深度。

在《资本论》中，马克思对生产力问题进行了深刻阐述，指出"劳动生产力是由多种情况决定的，其中包括：工人的平均熟练程度，科学的发展水平和它在工艺上应用的程度，生产过程的社会结合，生产资料的规模和效能，以及自然条件"。随着社会生产力的发展，自然科学和生产技术在社会生产中的作用日益增强。生产力中人的因素和物的因素，都同一定的科学技术紧密相联，科学技术日益渗透到劳动力、劳动资料和劳动对象之中，引起它们的变化，从而促进社会生产力的发展。科学技术是第一生产力。随着科学技术的发展，劳动者的生产技术水平不断提高，生产经验日益丰富，生产效率逐步增长。同时，科学技术的发展，不断改进着劳动资料和劳动对象，特别是促进生产工具的变革，提高生产工具的质量，并引起生产过程的其他方面，如生产管理、工艺流程等发生变化，从而推动着生产力的发展变化。

马克思在《资本论》中指出："各种经济时代的区别，不在于生产什么，而在于怎样生产，用什么劳动资料生产。劳动资料不仅是人类劳动力发展的测量器，而且是劳动借以进行的社会关系的指示器。"他在《哲学的贫困》中指出，"手推磨产生的是封建主的社会，蒸汽磨产生的是工业资本家的社会"。列宁也认为"蒸汽时代是资产阶级的时代，电气时代是社会主义的时代"。这里提出一个划分社会经济形态的标志问题，即以生产力或生产工具为标志。实际上生产力的发展进步必然引起生产关系的变化。马克思进而提出了划分社会经济形态的标志，除生产力标准外，还有两个：一是以生产资料所有制形式划分社会经济形态。马克思在《资本论》中指出，"不论生产的社会的形式如何，劳动者和生产资料始终是生产的因素。但是，二者在彼此分离的情况下只在可能性上是生产因素。凡要进行生产，它们就必须结合起来。实行这种结合的特殊方式和方法，使社会结构区分为各个不同的经济时期"。二是以榨取剩余劳动的形式划分社会经济形态。马克思在《资本论》中指出，"使各种经济的社会形态例如奴隶社会和雇佣劳动的社会区别开来的，只是从直接生产者身上，劳动者身上，榨取这种剩余劳动的形式"。

劳动过程中人们结成的人与人的关系就是社会生产关系，又称经济关系，即在社会生产过程中发生的生产、交换、分配和消费关系。生产力和生产关系是社会生产不可分割的两个方面，二者的有机结合和统一，构成社会生产方式，进而规定着社会经济形态。生产力决定生产关系，生产关系反作用于生产力，生产关系一定要适合生产力的发展状况是一条人类社会普遍具有的经济规律。这个规律在一切社会形态中都存在和发生作用，它决定着人类社会由低级形态向高级形态的发展，决定着同一社会形态内部由低级阶段向高级阶段的发展。

从马克思主义生产力理论认识新质生产力

习近平总书记关于新质生产力的一系列重要论述、重大部署，丰富发展了马克思主义生产力理论，深化了对生产力发展规律的认识，进一步丰富了习近平经济思想的内涵。

新质生产力是由技术革命性突破、生产要素创新性配置、产业深度转型升级而催生的先进生产力质态。新质生产力以劳动者、劳动资料、劳动对象及其优化组合的跃升为基本内涵，以全要素生产率提升为核心标志，特点是创新，关键在质优，本质是先进生产力。

新质生产力以科技创新特别是颠覆性技术和前沿技术催生新产业、新模式、新动能为基础，代表着生产力水平的跃迁。新质生产力是包含新质态要素的生产力。从劳动者的因素看，劳动者的劳动能力在科技创新推动下提升到新高度。高素质劳动者包括引领科技、创造先进生产工具的创新型人才和具备多维知识结构、熟练掌握新型生产工具的技能型人才。从劳动资料看，劳动资料在新技术、新产业等的作用下发生质变，知识形态的科学技术转化过来的生产工具在劳动资料中起主要作用，标志着生产力发展水平的客观尺度，也是区分经济时代的客观依据。人工智能、虚拟现实和增强现实设备、自动化制造设备等全新的物质技术融合应用，孕育出一大批更智能、更高效、更低碳、更安全的新型生产工具，进一步解放了劳动者，拓展了生产空间，提高了劳动效率，推动生产力跃上新台阶。从劳动对象看，劳动对象的范围和领域在科技创新推动下发生重要变化，得益于科技创新广度延伸、深度拓展、精度提高和速度加快，大至天体宇宙，小至基因量子，都成为劳动对象，出现了数智化设施、新材料、新能源等新的劳动对象。物质形态的高端智能设备、数据等非实体形态的新型生产要素，释放出巨大生产效能并日益成为生产力发展的驱动力量。新质生产力根据新时代经济发展实践，对马克思主义关于生产力要素的内涵作出了新的拓展和深化，对马克思关于"生产力中也包括科学"的概括作出了新的发展和具体化。

加快发展新质生产力的措施

培育壮大新质生产力是一项长期任务和系统工程。我们要坚持系统观念，着力推动劳动者、劳动资料、劳动对象及其优化组合的跃升和质变。

进一步解放思想，全面深化改革，形成与新质生产力发展相适应的新型生产关系。生产关系必须与生产力发展要求相适应，同时新型生产关系有利于推进生产力的发展，用产业智能化、绿色化、融合化形成的新型生产方式促进新质生产力的发展。从所有制结构上看，形成与新质生产力相适应的新的所有制形式，要实行科技劳动者与生产资料特殊的结合方式和方法，创新生产要素配置方式，激发劳动、知识、技术、管理、资本和数据等各类生产要素活力，更好体现知识、技术、创新、人才和经营管理的市场价值，充分调动各类人力资源要素参与和发展新质生产力的积极性和创造力。从分配上看，对剩余劳动的占有可以采取"社会共享"方式，部分新型劳动者创造的部分价值为社会所有，鼓励创造社会财产。同时，发展新质生产力，必须深化经济体制、科技体制等改革，构建与新质生产力相适应的体制和机制，特别是要建立一套以发展新质生产力为核心的科技创新评价体系，推动科技成果的快速转化和市场应用。建立高标准市场体系，进一步优化发展新质生产力的宏观环境，让各类先进优质生产要素能够向新质生产力顺畅流动。要扩大高水平对外开放，主动参与世界先进生产力竞争与重构。

培养新型适应发展新质生产力的人才。发展新质生产力需要大量具有较高科技文化素质、具备综合运用各类前沿技术能力、熟练掌握各种新型生产工具的新型人才。必须推动教育、人才培养和创新链产业链深度融合，完善人才培养、引进、使用、合理流动的工作机制。根据科技发展新趋势，优化高校学科设置、人才培养模式，加快形成与新质生产力发展需求相适应的人才结构。同时，重视职业教育在培养专业技能人才方面的优势，使职业教育尽快适应数字化、智能化发展趋势。

以科技创新推进劳动资料升级。科技创新能够催生新产业、新模式、新动能，是发展新质生产力的核心要素。一要以前沿技术领域的颠覆式、突破式创新为前提，充分发挥我国新型举国体制优势，发挥好政府的战略导向作用，进行重大科技任务攻关，加快实现高水平科技自立自强，打好关键核心技术攻坚战，使原创性、颠覆性科技创新成果竞相涌现，推动劳动资料迭代升级。二要推进产、学、研协同创新和融合发展，让企业真正成为创新主体，让人才、资金等各类创新要素向企业聚集。构建龙头企业牵头、高校院所支撑、各创新主体相互协同的创新联合体，加快科技成果向现实生产力转化。三要加快培育发展数据要素市场。加强数据开放共用，打破数据要素壁垒，使数据在流通中产生更大价值。四要提升数字赋能新质生产力水准。紧跟全球数字化发展趋势，加快推动数字产业化和传统产业数字化转型升级，促进新质生产力的发展和提升。五要夯实算力基础。加快提升打造高质量算力的基础设施，加快向量子计算、光计算、类脑计算等新型算力领域的探索。

以科技创新推进劳动对象拓展。一方面，以培育壮大战略性新兴产业和未来产业为重点，拓展劳动对象的种类和形态，比如将利用和改造自然的范围扩展至深空、深海、深地资源，开辟生产活动的新领域新赛道，夯实发展新质生产力的物质基础。另一方面，从国家战略层面加强对未来产业的统筹谋划，在类脑智能、量子信息、基因技术、未来网络开发等前沿科技和产业变革领域，组织实施未来产业孵化与加速计划，对前沿技术、颠覆性技术进行多路径探索和交叉融合，做好生产力储备。

提高生产力要素组合协同效率。适应新质生产力发展要求，推动产业组织和产业形态变革调整，不断提升生产要素组合协同效率，提高全要素生产率。推动劳动力、资本、土地、知识、技术、管理、数据等要素便捷化流动、网络化共享、系统化整合、协作化开发和高效化利用。依托生产要素的自由流动、协同共享和高效利用，推动生产组织方式向平台化、网络化和生态化转型，打造广泛参与、资源共享、精准匹配、紧密协作的产业生态圈，加速全产业链供应链的价值协同和价值共创。特别是要积极发挥数据要素的"融合剂"作用，推动各存量业态和数字业态跨界融合，衍生出新环节、新链条、新形态，加快发展智能制造、数字贸易、智慧物流、智慧农业等新业态，创造新供给，满足新需求。

以绿色科技推动绿色经济发展。加快发展新质生产力必然要求加快发展方式绿色转型，助力碳达峰碳中和目标实现。探索数据要素赋能绿色创新与绿色生产力培育的新机制，加快绿色技术创新和推广应用，构建绿色低碳循环经济体系。大力发展绿色金融和碳交易市场，做强绿色制造业，发展绿色低碳产业和供应链，打造高效生态绿色产业集群和绿色生态产业区。大力宣传绿色消费和低碳生活理念，推进资源节约和循环利用。

加快完善促进新质生产力发展的金融体系。加快发展新质生产力，需要充分发挥金融服务实体经济功能，为前沿领域技术研发、科技成果落地转化、新质生产要素协调合理配置、新产业新动能新模式的培育等提供灵活且充足的金融供给。充分发挥银行在支持企业科技创新和产业转型升级中的作用，鼓励银行机构积极开发创新信贷产品。充分发挥资本市场的作用，健全和完善多层次资本市场，引导金融资金投向战略性新兴产业和未来产业，打造涵盖天使孵化、创业投资、融资担保、上市培育、并购重组等企业全生命周期的金融服务体系。进一步完善担保体系建设，为科技创新贷款担保营造良好市场环境。

《学习时报》（2024 年 03 月 20 日第 01 版）

加快形成新质生产力事关中国式现代化全局

吴 文

进入新时代以来，我们发展壮大包括新一代信息技术、生物技术、新能源、新材料、高端装备、新能源汽车、绿色环保、航空航天、海洋装备等在内的战略性新兴产业，谋划布局包括类脑智能、量子信息、基因技术、未来网络、深海空天开发、氢能与储能等在内的未来产业，有力推动了互联网、大数据、人工智能和实体经济深度融合，加快促成了三次产业的数字化、网络化、智能化。神舟飞天、蛟龙入海、嫦娥奔月、墨子传信、北斗组网、天眼巡空、天问探火，新质生产力正在我国持续涌现。

加快形成新质生产力，事关中国式现代化全局。新质生产力是中国特色社会主义进入新时代的显著标志，是经济高质量发展的基本动力，是稳固新发展格局的根本保障，是马克思主义中国化时代化理论新飞跃的实践硕果，彰显了中国特色社会主义的制度优势。

谁能够更大程度地释放创新动能，谁就能够更快地促使新质生产力的形成，引领世界发展

创新是一个国家、一个民族发展进步的不竭动力。当今世界，要素数量驱动的外延型经济增长模式已进入瓶颈期，创新驱动的内涵型经济发展模式有望推动全球经济走向复苏。与此同时，全球科技创新也进入空前密集活跃期，新一轮科技革命和产业变革正在重构全球创新版图、重塑全球经济结构。谁能够更大程度地释放创新动能，谁就能够更快地促使新质生产力的形成，引领世界发展。我们必须坚持科技是第一生产力、创新是第一动力、人才是第一资源，深入实施科教兴国战略、创新驱动发展战略、人才强国战略，开辟发展新领域新赛道，塑造发展新动能新优势，厚植新质生产力的生长土壤。

因此，我们要加快建设高质量教育体系，发展素质教育，加强基础学科、新兴学科、交叉学科建设；深化教育领域综合改革，完善学校管理和教育评价体系，弘扬新时代教育家精神。我们要完善科技创新体系，坚持创新在我国现代化建设全局中的核心地位，健全新型举国体制，强化国家战略科技力量，优化配置创新资源；深化科技体制改革，深化科技评价改革，弘扬科学家精神，培育创新文化，营造创新氛围。我们要集聚力量进行原创性引领性科技攻关，坚决打赢关键核心技术攻坚战，增强自主创新能力；强化企业科技创新主体地位，发挥科技型骨干企业引领支撑作用，提高科技成果转化和产业化水平。我们要培养造就大批德才兼备的高素质人才，尊重劳动、尊重知识、尊重人才、尊重创造；深化人才发展体制机制改革，建设规模宏大、结构合理、素质优良的人才队伍，充分发挥人在创新中的能动因素，提升驾驭新质生产力的能力。

新质生产力出现在发展不协调不平衡的场景，可促进整体的再平衡

协调是社会经济持续健康发展的内在要求，是社会主义生产关系与生产力的关键优势。协调发展理念注重发展的整体效能，通过抑制"木桶效应"机制，实现生产力的精准均衡发展，补齐短板，化解掣肘。马克思主义向来注重协调理念。马克思在论述协作的作用时就指出："单个劳动者的力量的机械总和，与许多人手同时共同完成同一不可分割的操作……所发挥的社会力量有本质的差别。"由此可见，在微观生产劳动场景中，协调本身就是生产力的来源。在产业层面，马克思主义政治经济学揭示了生产部类间的有机结构平衡和价值交换协调对于经济平稳发展的作用。在原理层面，马克思主义告诉我们，物质生产是社会历史发展的决定性因素，但生产关系也可以反作用于生产力，上层建筑也可以反作用于经济基础，因此生产力的发展必须和生产关系的变革相协调。用马克思主义指导发展新质生产力，要求我们必须具备系统观，把生产力和生产关系的矛盾运动同经济基础和上层建筑的矛盾运动结合起来观察，把社会基本矛盾作为一个整体来观察，用普遍联系的思维把握新质生产力的生长规律，让新质生产力成为协调性的发展力量。

生产力的发展是解决社会主要矛盾的基石，新质生产力正是出现在发展不协调不平衡的场景，促进整体的再平衡。我们要通过发

展新质生产力，在空间上协调好局部和全局的关系，在时间上协调好当前和长远的关系。我们要在供给侧结构性改革和需求侧层次性提升的统筹协调过程中，促进新型工业化、信息化、城镇化、农业现代化同步发展，平衡布局新质生产力的生长空间，在新的发展水平上实现协调发展。

加快形成新质生产力意味着要加快生产力的绿色转型

绿色发展是生态文明建设的必然要求，代表了当今科技和产业变革方向，是最有前途的发展领域。人类生产生活必须尊重自然、顺应自然、保护自然，否则就会受到大自然的报复。恩格斯在批判生产的资本逻辑时曾告诫："我们不要过分陶醉于我们人类对自然界的胜利。对于每一次这样的胜利，自然界都对我们进行报复。"新质生产力是绿色的生产力，意味着我们对生产力的理解要从"人类改造自然的能力"上升为"人与自然和谐共生的能力"，跳出主体客体二分法的对立思维框架，进入天人合一的和谐理念境界。绿色的新质生产力，意味着我们对自然规律的认识更加深入，从而能更自觉地以规律指导行动，从必然王国逐渐进入自由王国，使人类能在工业文明的基础上迈向发达的生态文明。

我们坚持绿色发展，就要摒弃损害甚至破坏生态环境的发展模式，摒弃以牺牲环境换取一时经济增长的短视做法。我们要顺应当代科技革命和产业变革大方向，抓住绿色转型带来的巨大发展机遇，依靠科技创新破解绿色发展难题，自觉地推动绿色发展、循环发展、低碳发展。在处理发展和减排的关系时，我们要统筹谋划，在降碳的同时确保能源安全、产业链供应链安全、粮食安全，确保群众正常生活。加快形成新质生产力也就意味着要加快生产力的绿色转型，我们应发挥绿色金融的牵引作用，支持制造业绿色改造，引导实体经济向更加绿色清洁的方向发展，让良好生态环境成为经济社会可持续发展的支撑。

新质生产力之"新"不仅在国内范围，更在国际范围

开放带来进步，封闭导致落后。社会主义建设要吸收人类一切文明之精华，必须坚持开放。以开放促改革、促发展，是我国发展不断取得新成就的重要法宝，是推动我国生产力进步的重要机制。新质生产力之"新"不仅是指在国内范围，更是指在国际范围。中国的发展离不开世界，世界的发展也离不开中国。形成新质生产力的最优生产要素汇合聚变是在国际范围内进行的。在全球化、信息化、网络化深入发展的条件下，创新要素更具有开放性、流动性，不能关起门来搞创新。要坚持"引进来"和"走出去"相结合，积极融入全球创新网络，全面提高我国科技创新的国际合作水平。我们要坚持开放包容，拆除一切阻碍生产力发展的藩篱，引导推动全球化健康发展，让资金和技术更自由地流动，实施更开放的创新人才引进政策，聚天下英才而用之。

经济全球化表面上看是商品、资本、信息等在全球广泛流动，但本质上主导这种流动的力量是人才，是科技创新能力。我们要增强引领商品、资本、信息等全球流动的能力，增强参与全球经济、金融、贸易规则制订的实力，在更高水平上开展国际经济和

科技创新合作。我们正积极推动建设开放联动型世界经济，凝聚世界范围内的先进生产要素的互动合力，拓宽全球经济的共同发展空间。我们通过共建"一带一路"等开放型生产建设，推动世界经济互联互通，这不仅是修路架桥，不单是平面化和单线条的联通，更是全方位、立体化、网络状的大联通，是生机勃勃、群策群力的开放系统。新质生产力的开放性意味着中国必将更好地发挥世界经济引擎的作用。

新质生产力的共享性要求科技进步遵循普惠路径

发展为了人民、发展依靠人民、发展成果由人民共享，这是中国推进改革开放和社会主义现代化建设的根本目的，也是我们发展新质生产力的根本目的。我们常将生产力发展主要视为提升效率的手段，而将公平主要交给分配政策来解决。而马克思主义政治经济学的高明之处正在于将"生产、分配、流通、消费"各环节视为一个循环互嵌的联系过程。在社会主义条件下，共享不仅关乎分配，也关乎生产力发展。工人阶级是我国的领导阶级，是我国先进生产力和生产关系的代表，是我们党最坚实最可靠的阶级基础，是全面建成小康社会、坚持和发展中国特色社会主义的主力军。发展成果共享将最大程度地调动生产主体的积极性，推动生产力革新。

新质生产力的共享性要求科技进步遵循普惠路径。我们要聚焦重大疾病防控、食品药品安全、人口老龄化等重大民生问题，大幅增加公共科技供给，让人民享有更宜居的生活环境、更好的医疗卫生服务、更放心的食品药品；要依靠科技创新建设低成本、广覆盖、高质量的公共服务体系；要加强普惠和公共科技供给，发展低成本疾病防控和远程医疗技术，实现优质医疗卫生资源普惠共享；要发展信息网络技术，消除不同收入人群、不同地区间的数字鸿沟，努力实现优质文化教育资源均等化。共享的新质生产力必将促进全民共享更加全面、推动全体人民共同富裕取得更为明显的实质性进展。

《北京日报》(2023 年 10 月 30 日第 09 版)

发展新质生产力的辩证法

曹　立

发展新质生产力是高质量发展的内在要求和重要着力点。今年全国两会期间，习近平总书记在参加江苏代表团审议时强调，要牢牢把握高质量发展这个首要任务，因地制宜发展新质生产力；发展新质生产力不是忽视、放弃传统产业，要防止一哄而上、泡沫化，也不要搞一种模式。近日，习近平总书记在湖南省长沙市主持召开新时代推动中部地区崛起座谈会上对加快发展新质生产力又提出了明确要求，强调要以科技创新引领产业创新，积极培育和发展新质生产力。习近平总书记强调的"因地制宜"，体现了马克思主义认识论和方法论，为我国不同地区结合自身优势发展新质生产力指明了方向。

"因地制宜"，既是基于对我国国情的准确把握，也是基于对新质生产力丰富内涵的深刻理解。发展新质生产力涉及科技创新、产业升级、组织管理、人才引育等多个层面，各地的资源禀赋、产业基础、科研条件等又存在差异，发展新质生产力的打法也会不尽相同。不能忽视产业规律和自身条件盲目推动，要坚持一切从实际出发，实事求是，探索符合自身实际的新质生产力发展之路。

因地制宜发展新质生产力要向"质"提升。发展新质生产力不是把传统产业与新质生产力对立起来，也不是一味发展新兴产业而忽视甚至放弃传统产业，而是要"先立后破"，在稳住基本盘的基础上推动传统产业改造升级。传统产业一般指纺织服装、食品、钢铁、建材、机械、化工、汽车等产业，这些产业具有带动效应强、产业规模大、企业数量多、国际市场占有率高等特征。相较于新兴产业，传统产业是我国国民经济的"基本盘""压舱石"，对稳就业发挥着不可替代的作用。传统产业不等于落后产业、夕阳产业，通过创新技术改造的传统产业也是发展新质生产力的重要领域。一方面，传统产业是形成新质生产力的基础。不少传统产业经过技术改造成为培育新质生产力的主阵地。不仅如此，传统产业与新兴产业密不可分、互为促进。传统产业改造升级所需的新技术、软硬件等，为新兴产业发展提供了强大的市场和动能；新兴产业发展也依赖传统产业提供的原材料、零部件等支撑。新质生产力缺少传统生产力的哺育，就成了无源之水、无本之木。另一方面，转型升级是传统产业激发新质生产力的关键。在要素成本上升、资源约束趋紧等大背景下，传统产业只有依靠高科技、高效能、绿色化摆脱传统经济增长方式和生产力发展路径，实现产业深度转型升级，才能重塑竞争新优势。实践中，加快数字经济与传统产业的融合发展，发挥数字技术的赋能作用，将其应用于传统产业的各个环节和关键节点，弥补传统产业的发展短板，通过融合激发产业发展的新动能，促进传统产业形成新的"技术—经济范式"，实现从量变到质变、由产业到产业集群的突破，引领产业结构朝着"向上""向优""向绿"的高级化方向迈进，催生新的经济增长点，推动传统产业迈上新的台阶，更好满足多元化的市场需求。

因地制宜发展新质生产力要向"新"前行。新质生产力并不简单等同于新发明和新技术，新质生产力之"新"，核心在于结合地方创新、资源优势以科技创新推动产业创新、将科学发现和发明的技术应用到具体产业上，不断创造新价值。战略性新兴产业与未来产业是发展新质生产力的重要载体。战略性新兴产业处在科技和经济发展前沿，对经济社会的长远发展具有重大引领作用，在很大程度上决定着一个国家或地区的综合实力特别是核心竞争力。发展战略性新兴产业重点聚焦新一代信息技术、新能源、新材料、高端装备、新能源汽车、绿色环保、民用航空、船舶与海洋工程装备等领域。未来产业代表科技创新和产业发展的新方向，重点聚焦元宇宙、脑机接口、量子信息、人形机器人、生成式人工智能、生物制造、未来显示、未来网络、新型储能等领域。可见，发展新质生产力，重点在于提升自主创新能力，全面提升产业自主创新能力，夯实自主技术体系的"技术底座"。只有进一步全面深化改革，不断破除体制机制性束缚，打通发展新质生产力的堵点卡点，才能培育发展新质生产力的新动能。从技术层面看，关键核心技术能够沿着技术创新链迅速带动产业创新，进而形成新质生产力；从产业层面看，新技术形成的产业往往具有全新的工艺流程和新的装备，促使传统产业经过技术、流程改造，使传统产业发生质的变化。当前，以数字技术为代表的新一轮科技革命和产业变革正蓄势待发，我国在人工智能、新能源、5G通信、量子计算等技术领域已经取得了突出的成绩，在数据积累、算法优化和应用场景培育等方面有独特的优势，要整合科技创新资源，加快技术变革到产业变革转化，培育战略性新兴产业。健全新型举国体制，强化国家战略科技力量，优化配置创新资源引导和组织优势力量下大力气解决一批"卡脖子"问题，加快突破基础软硬件、先进材料、核心零部件等方面的瓶颈制约，努力实现关键核心技术自主可控。同时，超前部署前沿技术和颠覆性技术研发，为解决事关长远发展的问题提供战略性技术储备。

因地制宜发展新质生产力要向"实"发力。发展新质生产力要求防止一哄而上，问题的关键在于不是"不要上"，而是"如何上""怎么上""重点上什么"。总的来说，发展新质生产力的重要着力点要放在推动实体经济发展上，大力推进新型工业化。工业是立国之本、强国之基，工业化是现代化的引擎和基础。从发展方向和驱动力来看，新型工业化与新质生产力具有一致性，新型工业化是发展新质生产力的主要领域，新质生产力又提升了我国制造业的创新能级和规模能级，进而夯实现代化产业体系的根基。因此，推进新型工业化的过程本身就是新质生产力的形成过程。一方面，数字作为一种信息载体被广泛应用在新型工业化推进过程中，为加快形成并发展新质生产力提供技术支撑。大数据、人工智能、5G等数字技术的规模化运用，提升了新型工业化的产业水平，构建更为高效、更为绿色的产业链、供应链，突破核心产业技术瓶颈，让数字生产力赋能工业生产力形成新质生产力。另一方面，数据本身作为一种新型生产要素渗透到工业设计、生产、流通等整个环节，能够与其他生产要素融合，形成不同的生产要素组合方式，对资源配置进行优化和重组，扩展传统生产力的效率边界，推动工业生产由低端产品到高端产品升级，催生更具融合性、创新性、先进性、安全性的新质生产力。目前，我国工业仍处于由大向强、爬坡过坎的关键时期，还有很多短板弱项要解决。要着力推进信息化与工业化深度融合，巩固提升信息通信业的竞争优势和领先地位，适度超前建设5G、算力等信息设施。继续推动工业互联网规模化应用，促进制造业数字化、网络化、智能化发展，分类推进制造业数字化转型，开展"人工智能+"行动，推动人工智能赋能新型工业化。

《学习时报》（2024 年 03 月 27 日第 02 版）

学术圆桌

科学把握新质生产力的发展趋向

杨丹辉

当前，新一轮科技革命和产业变革深入发展，新科技、新产业、新业态、新商业模式正在重塑生产方式和经济体系，生产力的内涵和外延随之发生深刻变化。新质生产力概念的提出立足中国实践，拓展了生产力的内涵和外延，丰富深化了马克思主义政治经济学生产力理论，为以新质生产力支撑现代化产业体系构建、助力高质量发展提供了理论依据和路径选择。

新质生产力的四个发展趋向

进入新发展阶段，我国科技综合实力显著提升，战略性新兴产业快速发展，未来产业新赛道不断涌现，带动生产力发展规模和水平由量变到质变，实现能级跃升，新质生产力成为引领中国经济高质量发展的新引擎。

第一，能源转型和基础设施更新加快。历次工业革命都伴随着能源结构转变和基础设施升级换代，是解放生产力的

⊢ 学术圆桌 ⊣

先决条件之一。从煤炭到石油再到多元化清洁化能源供给，从"铁公机"、电报电话、互联网宽带到 5G 基站、特高压、城际高速铁路和城市轨道交通、新能源汽车充电桩、大数据中心、人工智能、工业互联网……近年来，我国可再生能源和新型基础设施投资规模持续扩大，能源转型和基础设施更新驶入快车道。截至 2022 年底，全国可再生能源发电累计装机容量 12.13 亿千瓦，同比增长 14.1%，占电力总装机容量的 47.3%，2022 年全国可再生能源发电量占比达到 30.8%。可再生能源对化石能源的替代，成为带动传统生产力向新质生产力跃迁的先行领域。国家统计局数据显示，2023 年上半年，新基建投资同比增长 16.2%。其中，5G、数据中心等信息类项目投资增长 13.1%，工业互联网、智慧交通等融合类新基建投资增速高达 34.1%。"十四五"时期新基建投资规模有望达到 15 万亿元。另据工业和信息化部统计，截至 2023 年 8 月，全国在用数据中心机架总规模超过 760 万标准机架，算力总规模达到每秒 1.97 万亿亿次浮点运算（197EFLOPS），位居全球第二。能源转型和基础设施更新是新一轮科技革命和产业变革的必然结果，而新能源、新一代信息技术、人工智能、工业互联网等行业作为战略性新兴产业和未来产业的重要组成部分，本身也是我国产业国际竞争新优势和产业链强劲韧性的集中表现，为推动新质生产力的绿色发展、智能升级、融合创新筑牢了基础。

第二，科技创新日益活跃。科技创新是新质生产力培育发展的本质特征和最强动力。随着经济持续快速增长，我国科技综合实力显著增强，不少领域加快追赶发达国家，处于与世界领先国家同步并跑、比肩竞争的水平，相继在5G、人工智能、量子通信、储能技术、生命科学、航空航天、深海探测等领域，取得一系列标志性、世界领先的科技创新成果。科技型新质生产力的形成得益于大力度、连续性的研发投入。2022年，我国研发经费突破3万亿元，达到30782.9亿元，同比增长10.1%。研发经费规模从1万亿元提高到2万亿元用时8年，而从2万亿元提高到3万亿元仅用4年时间。这不仅是我国综合国力增强的表现，而且彰显我国坚持将创新作为引领发展第一动力的战略导向。同时，研发投入强度持续加大。2022年我国研发经费投入强度为2.54%，比2021年提高0.11个百分点。从研发支出结构来看，科技投入继续向基础研究倾斜，2022年我国基础研究经费总量首次突破2000亿元，规模位列世界第二，增速为11.4%，分别超过应用研究和试验发展经费增速0.7和1.5个百分点。创新主体不断优化，2022年企业对研发经费增长的贡献高达84%，推

学术圆桌

动国家创新体系逐步完善。重点领域研发经费投入强度稳步提高，2022年规模以上高技术制造业研发经费投入强度为2.91%，为突破制约新质生产力发展的关键核心技术、核心零部件和先进材料提供了有力支撑。

第三，产业载体不断发展壮大。习近平总书记指出："整合科技创新资源，引领发展战略性新兴产业和未来产业，加快形成新质生产力。"从要素结构和技术路线来看，战略性新兴产业和未来产业都以重大技术突破和重大发展需求为基础，具有知识技术密集度高、物质资源消耗少、成长潜力大的突出特点。在国家战略规划、各级政府扶持以及各类资本的协同推动下，我国战略性新兴产业逐步转向成熟发展阶段，对经济社会全局和长远发展的引领带动作用日益凸显。国家统计局数据显示，党的十八大以来，战略性新兴产业占国内生产总值比重提高近1倍。2021年，战略性新兴产业增加值占国内生产总值比重为13.4%。根据中咨公司提供的数据，2018—2022年，中央企业在战略性新兴产业领域投资规模由0.7万亿元扩大至1.5万亿元，占全部投资比重由12.8%提升至27%，投资规模增长115.2%。战略性新兴产业的发展实绩反映在出口市场上，以电动载人汽车、锂电池、太阳能电池为代表的外贸出口"新三样"取代服装、家电、家具"老三样"，成为中国制造的新名片。2023 年上半年，"新三样"合计出口增速达 61.6%，拉动我国出口整体增长 1.8 个百分点，这正是新质生产力蓬勃发展的力证。与战略性新兴产业相比，未来产业与前沿科技创新互动更为紧密，因而更具前瞻性，也是各国面向新一轮科技革命和产业变革重点培育扶持的先导性产业群。《中华人民共和国国民经济和社会发展第十四个五年规划和 2035 年远景目标纲要》提出，要在类脑智能、量子信息、基因技术、未来网络、深海空天开发、氢能与储能等前沿科技和产业变革领域，谋划布局一批未来产业。随着创新投入、资金支持、人才引培等政策措施落实到位，未来产业新赛道不断细分演化，数字化、绿色化的产业成长主线日趋清晰，在更大范围和力度上改变了传统生产方式和生产力要素构成，与战略性新兴产业共同发挥着推进新质生产力形成、引领中国经济高质量发展的动力源作用。

第四，创新集聚效应增强，产业国际竞争升级。进入 21 世纪，应用性研发分工虽然在持续深化，但由于前沿科技创新和未来产业发展对要素支撑有较高要求，世界范围只有少数地区能够为这些创新活动开展和产业集聚提供要素保障，由创新集聚引发的马太效应增强，致使新质生产力出现发展不平衡问题。近年来，为抢占科技创新和产业竞争制高点，

学术圆桌

发达国家对科技创新投入巨大，势必对新兴领域投资并购实行严格管控，试图将高附加值、最前沿的创新活动控制在本土。在"内向化"战略导向下，"技术民族主义""资源民族主义"与贸易保护主义、单边主义如影相随，造成产业链不同程度受损甚至断裂。持续升级的大国博弈和不断深化的利益"脱钩"放大我国在核心技术、关键零部件、基本算法、先进材料、软件系统、标准体系、规则制定等环节被"卡脖子"的风险，暴露出科技原创力、产业链主导力、国际规则塑造力等方面的问题。

总体来看，我国培育新质生产力仍面临基础研发投入不足，科技成果转化机制不健全、产业基础能力不扎实，人才质量和结构不匹配、全球资源整合能力不强等问题和障碍。需要强调的是，新质生产力培育对研发体系、人才梯队、中介组织、风险投资、信息渠道等高端要素有较高要求，新质生产力与科创活动同样表现出集聚式发展的空间结构和布局特征。对于东北这样的老工业基地而言，发展新质生产力有根基和底蕴，具有工业体系比较齐全、配套链条相对完善、拥有一批行业龙头企业和技术工人队伍的传统优势，但存在高端要素供给缺口大，区位条件与新质生产力兼容性不足的矛盾。培育新质生产力要在创新中找答案，彻底破除阻碍新质生产力形成的体制机制障碍，深度挖掘东北工业体系积淀的应用场景，使之转化为新质生产力的生产资料和劳动对象，持续赋能东北全面振兴。

创新引领新质生产力培育

无论世界格局如何变化，长期来看，生产力作为人类社会进步根本动力和决定性因素的角色并未发生改变。培育新质生产力是实现中国式现代化的关键步骤，本质上是如何在新时代基于生产力与生产关系的矛盾运动规律解放和发展生产力。这既要打破传统生产力的利益格局，处理好产业政策施用、科技平台搭建、公共服务提供等政府与市场之间关系，形成更有利于充分发展新质生产力的体制机制，又要应对大国博弈升级、科技合作受限等全球治理问题，还要以开放包容的理念满足劳动者自身发展需要，而这些问题的解决思路必须在不懈的创新中探索寻求。

加大基础研发投入力度，完善国家创新体系。引导企业和科研机构聚焦前沿科技，将科技创新重心前移，在推动"从0到1"自主原始创新的同时，创造条件开展多层次、宽领域的科技交流合作，最大限度地整合利用全球科技资源，着力突破关键技术、关键零部件、关键原材料，不断拓展生产

学术圆桌

资料和劳动对象的边界，提升新质生产力的科技含量。

进一步强化战略性新兴产业和未来产业作为新质生产力的载体作用。以新型工业化为引领，瞄准高端化、智能化、绿色化、融合化方向，巩固提升战略性新兴产业，做大做强数字经济。在前沿科技和未来产业领域抢占全球科技创新和产业竞争制高点，积极开辟新赛道，培育新主体，塑造新优势，形成新集聚，打造新支柱，为构建现代化产业体系打下坚实基础。

数字化转型与节能降碳同频共振，促进智能化绿色化互促共融。数字技术不仅为绿色产品设计、制造、销售提供新的研发理念、技术手段和商业模式，而且传统产业绿色改造、资源回收利用方式的绿色化创新，同样需要丰富优质的数字资产和信息平台作支撑。同时，现阶段数字部门仍有部分生产力能耗偏高，尚有技术和结构减排空间。今后，一方面，要进一步鼓励企业利用大数据、云计算、人工智能、工业互联网、区块链、数字孪生等数字技术，升级开发符合清洁生产、循环经济要求的智能解决方案；另一方面，要为数字经济部门提供多样化的能源选择，提高数字经济发展的可持续性，不断深化要素利用方式、生产流程、能源管理的智能化绿色化融合，共同助力实体部门生产力提升和全体系再造。

学术圆桌

　　塑造新质生产力尤为关键的是人的转型。归根结底，在生产力三要素中，劳动者作为物质要素的创造者和使用者，是起主导作用的要素，只有用先进科学技术、知识和理念"武装"起来的劳动者才具备更强的能动性。因此，要加快改革教育和社会保障体系，加紧制定实施面向能源转型、智能制造、未来产业的新就业计划，创造新就业岗位，为传统产业从业人员量身定制知识再造和能力提升方案，打造多层级、多元化的人才体系，为实现劳动者自然性、社会性、知识性高度统一创造有利条件。

《人民论坛》（2023 年第 11 月上期）

学术圆桌

工业发展阶段与新质生产力的生成逻辑

刘　刚

2023 年 9 月，习近平总书记在新时代推动东北全面振兴座谈会上指出，"积极培育新能源、新材料、先进制造、电子信息等战略性新兴产业，积极培育未来产业，加快形成新质生产力，增强发展新动能"，为生产力理论提供了新范畴、新思想。其中，"新质生产力"范畴可以结合生产力性质的变化来理解。马克思主义政治经济学和经济演化理论在一定范围内探讨了生产力不同发展阶段具体性质的差异，为我们提供了理论参考。

一般而言，按生产力的发展，可以把人类社会的历史划分为渔猎时代、农业时代和工业时代。20 世纪中后期出现的"后工业时代"思潮已经在 2008 年之后的"再工业化"潮流中消失殆尽，"当今世界仍处于工业时代"的观念越来越受到世界各国的广泛认同。在工业时代，判断生产力的发展处于何种阶段的关键就在于把握工业发展的细分阶段，结合工业发展阶段研究生产力也是马克思主义理论的基本观点。

┣━━ 学术圆桌 ━━

马克思、恩格斯在《德意志意识形态》中总结道："一定的生产方式或一定的工业阶段始终是与一定的共同活动方式或一定的社会阶段联系着的，而这种共同活动方式本身就是'生产力'，由此可见，人们所达到的生产力的总和决定着社会状况，因而，始终必须把'人类的历史'同工业和交换的历史联系起来研究和探讨。"在这里，马克思、恩格斯不仅提出研究生产力，要"同工业和交换的历史联系起来"，强调"这些共同的活动方式本身就是'生产力'"，更是提出了生产方式"始终"与工业阶段相联系的基本命题。后续马克思主义政治经济学和熊彼特学派等经济演化理论关于生产力和工业发展阶段的研究，也印证了马克思、恩格斯提出的这些方法论命题。

立论基础与研究主题：生产的"质变"与工业发展的阶段性

考察生产力向更高发展阶段转变所发生的"质变"，需要在理论上明确生产力的发展是否呈现阶段性。值得注意的是，马克思主义政治经济学和新熊彼特学派都重点关注了这一议题，对生产变革和工业发展的阶段性进行了较为系统的分析，为我们提供了有益的理论参考。

学术圆桌 •

（一）生产力发展的阶段性

在马克思主义政治经济学中，生产力的"阶段化发展"通常被视为探讨经济社会发展的立论基础。结合生产力发展的不同阶段讨论经济社会的发展，也被视为唯物主义历史观的重要方法论原则。早在 1846 年，马克思在给帕瓦·安年科夫的信中就阐述了这一观点："人们借以进行生产、消费和交换的经济形式是暂时的和历史性的形式。随着新的生产力的获得，人们便改变自己的生产方式，而随着生产方式的改变，他们便改变所有不过是这一特定生产方式的必然关系的经济关系。"这一表述，不仅体现了"生产力发展的阶段性"，提出了"新的生产力"范畴，而且论证了"生产力—生产方式—生产关系"原理。

恩格斯也将生产力的决定性地位，概括为后世学者熟知的"归根到底的决定性因素"："根据唯物史观，历史过程中的决定性因素归根到底是现实生活的生产和再生产。"这一理念，被视为马克思主义者的基本方法论立场之一。列宁曾这样概括："只有把社会关系归结于生产关系，把生产关系归结于生产力的水平，才能有可靠的根据把社会形态的发展看作自然历史过程。不言而喻，没有这种观点，也就不会有社会科学。"可见，在列宁看来，要将社会形态发展视为一个存在客观规律的自然历史过程，其根本依据就是生产力水平由低到高的不同发展阶段对应着社会形态从低级到高级的发展规律。

不仅马克思主义学者将生产的阶段化发展作为讨论经济社会发展的立论基础，在经济发展领域建树颇丰的经济演化理论，也以生产的阶段化发展为立论基础。在被新熊彼特学派等经济演化理论视为奠基之论的《经济发展理论》中，熊彼特就强调了生产发展的阶段性差异。他的分析是从"循环流转"开始的。所谓"循环流转"，就是一种周而复始的生产。熊彼特将这一状态视为一种"均衡"。张培刚认为这就是一种"简单再生产"："生产过程只是循环往返，周而复始。这实际上是一种简单再生产过程。"熊彼特以这种简单再生产的"打破"和"被替代"来表示生产进入了更高的发展阶段，即他所谓的"经济发展"："我们所意指的发展是一种特殊的现象，同我们在循环流转中或走向均衡的趋势中可能观察到的完全不同。它是流转渠道中的自发的和间断的变化，是对均衡的干扰，它永远在改变和代替以前存在的均衡状态。"在这里，熊彼特以"流转渠道中的自发的和间断的变化"描述了生产的"质变"。这种"自发的和间断的变化"一次次地出现则塑造了生产力发展的阶段性。

（二）深入生产内部探讨具有"质变"特征的生产变革

只讨论抽象的"物质生产"概念和生产"均衡"与否，不能深入到生产内部，也无法解开生产的"质变"过程。所以，构建科学的生产理论需要将抽象的生产概念具象化，列出由生产构成要素组成的"生产表达式"。马克思主义政治经济学和新熊彼特学派，都采用了类似的表达式。熊彼特直接将"生产"定义为各种要素的"组合"："从技术上以及从经济上考虑，生产意味着在我们力所能及的范围内把东西和力量组合起来"，"现在我们必须精确限定所要组合的是什么东西：一般说来，就是所有各种的物体和'力量'"，"生产意味着把我们所能支配的原材料和力量组合起来"。政治经济学界则延续了马克思的"生产力"话语体系，将构成生产的各种要素视为"生产力的构成要素"，即各种要素的共同参与才能形成有效的"生产力"。可见，熊彼特的"生产的构成要素"与马克思主义的"生产力的构成要素"，可视为不同理论视角下描述的同一个经济事实。此外，考察生产力水平的高低，不能仅考虑它由哪些要素组成，还要看这些要

学术圆桌

素在生产中所发挥的效能的高低。因此，马克思也将各种构成要素的效能水平视为生产力水平的"决定要素"。中国的"生产力经济学"形成了著名的"生产力构成要素论"，出现了"二要素""三要素""多要素"等不同派别，其理论依据就是马克思关于生产力或劳动过程构成要素的相关表述。例如：同时被"二要素"论和"三要素"论视为文本依据的是："劳动过程的简单要素是：有目的的活动或劳动本身，劳动对象和劳动资料"。当然，在马克思那里，生产的构成要素并不仅限于此。紧接上述表述，他就作出了如下拓展："广义地说……劳动过程的进行所需要的一切物质条件也都算做劳动过程的资料……这类劳动资料中有的已经经过劳动的改造，例如厂房、运河、道路等等。"由此，马克思就将生产力构成要素扩充为涵盖"劳动过程的进行所需要的一切物质条件"的开放系统。因此，马克思关于生产力决定要素的概括也未局限于"劳动的简单要素"，而是在一个开放的视野下考虑了各类要素的效能："劳动生产力是由多种情况决定的，其中包括：工人的平均熟练程度，科学的发展水平和它在工艺上应用的程度，生产过程的社会结合，生产资料的规模和效能，以及自然条件。"这一表述，通常也被视为生产力"多要素论"的重要依据。

　　相应的，生产发展的阶段性特征也就体现为各构成要素"组合方式"的阶段性变化。马克思指出：劳动者和生产资料"在彼此分离的情况下只在可能性上是生产因素。凡要进行生产，它们就必须结合起来。实行这种结合的特殊方式和方法，使社会结构区分为各个不同的经济时期"。可见，"不同的结合"体现着不同发展阶段的生产方式和生产力水平，而这种结合的"方式和方法"的变革则是生产发生"质变"的关键，马克思称其为"革命"。在《资本论》第1卷"相对剩余价值生产"部分提及劳动生产率成倍提高时，他指出："不改变他的劳动资料或他的劳动方法，或不同时改变这二者，就不能把劳动生产力提高一倍。因此，他的劳动生产条件，也就是他的生产方式，从而劳动过程本身，必须发生革命。"这里不仅强调了生产力发生"质变"的"革命性"，更为研究生产力的"质变"提供了经典的"劳动生产条件—生产方式—劳动过程"三位一体公式。

　　以生产构成要素"组合方式"的变革规定生产发展的阶段性，也被熊彼特学派视为重要的方法论原则。例如，熊彼特对于"五种新组合"的描述在很多文献中被视为他对创新的定义："我们所说的发展，可以定义为执行新的组合。这个概念包括下列五种情况：（1）采用一种新的产品……（2）采用一种新的生产方法……（3）开辟一个新的市场……（4）掠取或控制原材料或半制成品的一种新的供应来源……（5）实现任何一种工业的新的组织。"但是，这里的"五种新组合"仅是实现"发展"或"创新"的具体途径，而非"发展"本身。真正构成"发展"的是具有"质变"意义的生产变革："只要是当新组合最终可能通过小步骤的不断调整从旧组合中产生的时候，那就肯定有变化，可能也有增长，但是却不产生新现象，也不产生我们所意味的发展。当情况不是如此，而新组合是间断地出现的时候，那么具有发展特点的现象就出现了。"可见，在熊彼特看来，"新现象"（也译为"新事象"或"新奇性"）产生的意义就在于：新形成的"组合"不仅要"以不同的方式把这些原材料和力量组合起来"，而且这种方式必须是脱离了原有生产方式的全新方式或方法。他关于新组合出现方式不能"通过小步骤的不断调整从旧组合中产生"而必须"间断地出现"的规定，就较为形象地规定了"发展"或"创新"的本质在于生产的"质变"。

（三）形成经济周期理论划分工业发展阶段

在资本主义经济中，生产构成要素组合方式的革命和新现象"间断地出现"，都是在资本的主导下完成的。马克思

· 学术圆桌 ·

将这一过程置于资本积累的历史动态中进行考察，熊彼特也将其与"利润、资本、信贷、利息"相联系，这些研究也分别汇入了两个学派各自的"经济周期"理论。

在马克思主义政治经济学中，经济周期被视为经济危机的周期性爆发，这一过程与生产力的重要载体——固定资本息息相关。人们一般将固定资本的更新视为经济周期的"物质基础"。当然，固定资本的更新并不总是重复原有技术，马克思在"资本积累"理论中系统探讨了竞争压力下资本为追逐超额剩余价值而竞相采用新技术的基本规律。这也将马克思主义学者对经济周期的关注引向了技术变革和经济长波领域。有学者指出，在"康德拉季耶夫周期"提出之前，俄国学者帕瓦斯（Parvus）、荷兰马克思主义学者范·盖尔德伦（J.Van Gelderen）和著名马克思主义学者考茨基（Karl Kautsky）就在1896—1913年之间分别提出了其经济长波理论。在后续研究中，欧洲著名马克思主义学者曼德尔（Ernest Mandel）占据重要地位。法国调节学派和美国积累的社会结构学派则在继承和发展马克思"资本积累理论"的基础上，贡献了经济长波理论的"制度学派"。每一轮长度约半个世纪的经济长波往往要横跨一场广泛且深刻的技术变革和生产体系调整，对应着不同时期的技术革命或工业革命以及工业的不同发展阶段。马克思的"协作—分工—机器大工业"理论就深入探讨了工业发展阶段转变的内在逻辑,其理论方法和研究视角也为后续的马克思主义学派和经济演化理论所继承,形成了著名的"劳动过程"理论,成为分析工业发展阶段的重要理论分支。

熊彼特也意识到其经济发展理论和创新理论关于生产变革的研究,在长期动态上将走向经济周期理论。此后,随着熊彼特本人关于经济周期研究的深入,尤其是由他命名的"康德拉季耶夫周期"即经济长波获得广泛关注后,熊彼特的继任者关于经济长波的研究开始全面展开。在新熊彼特学派那里,技术变革经济学、经济长波、工业史理论在很大程度上实现了"合流"。受其影响,创新经济学逐步进入社会各界的视野,获得普遍关注。同时,他们关于历次经济长波、技术革命和工业革命的划分也逐渐形成共识,工业发展阶段理论已经初现雏形(参见表1)。

综上所述,在马克思主义政治经济学的基础上,以生产力发展的阶段性为立论前提,结合工业发展的不同阶段,研究生产力发生"质变"形成的新质生产力,既具有相应的理论基础,也出现了与之关系密切的资本积累、劳动过程和经济周期理论等相对成熟的理论分支。

关键突破与核心范畴：生产力的"中间层次"分析

之所以说马克思主义政治经济学和新熊彼特学派对工业发展具体阶段的划分还只是一个"初显雏形"的发展阶段论，是因为成熟的发展阶段论不能仅仅是发展过程的简单历史分期，或不同时期具体特征的总结概括，而是必须明确论证其划定的每个时期都是一个连续性成长过程的"必经阶段"，而不会成为一段可有可无的"弯路"。只有这样，在每个发展阶段表现出的具体特征才是事物成长过程中必然具备的具体性质，而不是一种偶然的临时状态。论证生产力不同发展阶段依次更替的必然性，则涉及马克思主义政治经济学的"中间层次"分析。

（一）实现关键突破需要的核心范畴：生产力的"中间层次"

"中间层次"分析是国外马克思主义政治经济学在制度分析领域形成的全新分析方法。在将社会制度划分为从原始社会到共产主义社会五种形态的基础上，把握资本主义社会内部不同细分阶段的制度体系的差异，尤其是描述当代资本主义制度体系的变迁，需要更为具体和更具阶段性差异的范畴体系。20世纪中后期，国外马克思主义政治经济学的重要

学术圆桌

进展就是在制度研究领域形成了处理这一问题的"中间层次"分析法。日本宇野学派、法国调节学派和美国积累的社会结构学派等不同理论分支都从不同角度参与了这一分析方法的构建、运用和发展完善。根据美国积累的社会结构学派代表学者大卫·科兹（David M. Kotz）的介绍，中间层次意义上的分析介于抽象的总体性概念与现实的具体表现之间，"和有关资本主义发展的具体历史叙述相比，要更为一般和抽象，但与资本主义的一般抽象理论相比，则更特殊而具体"。日本学者宇野弘藏将马克思主义经济分析划分为由抽象到具体的原理论、阶段论和政策论三个分析层次。基于这一划分，美国积累的社会结构学派创始人戈登（D. M. Gordon）认为："我们必须在三个不同的抽象水平上分析资本主义社会中的社会关系。在最抽象的水平上，我们必须分析资本主义生产方式的内在关系。在中间分析的水平上，我们必须分析依次更替的各积累阶段的内在关系，以便理解生产方式的力量和具体活动的有效性是如何被中介的。"概而言之，描述制度"依次更替"的"阶段性"及其在总体的抽象意义的"生产方式的力量"与"具体活动的有效性"之间发挥的"中介性"，就是上述几派"调节派"马克思主义学者赋予"中间层次"范畴的方法论职能。因此，"中间层次"意义上的制度范畴

学术圆桌

并不是在总体的抽象"制度"概念和现实的各项具体"制度"之间按分析的需要选取某一类别的"制度"形成一个特定的"集合",而是按照具体理论所关注的制度的特定功用来选取那些彼此联系、共同发挥着特定功用的"制度"的"组合"。例如,法国调节学派就将在宏观层面联系生产模式与消费方式的制度体系界定为"积累体制",他们提及较多的"福特主义积累体制"就是协调"大规模生产"与"大规模消费"、使两者能够平稳对接的系列制度的"组合"。

在经济思想史上,上述"中间层次"分析可以视为对"半独立变量"的进一步发展。后者来自曼德尔对资本主义经济长波的分析,他的研究使用了资本有机构成、固定资本与流动资本的比例和积累率等六个"半独立"变量。孟捷教授认为,这些变量的引入"有助于避免经济变量间的相互关系的机械决定性质,使经济领域变得开放,能够接纳来自社会其他子系统(政治、技术、文化等)的影响……但他没有再往前走一步……自觉地发展一种中间层次的分析。根据这种中间层次分析,资本积累过程中各个变量的关系,是嵌入特定的制度体系之中、并为之所中介的"。在这里,嵌入特定国情和历史背景,接纳社会其他子系统影响的"开放性",以及由此形成的脱离了"机械决定性质"的"粘性"才是"中间层次"范畴关键的方法论意义。

因此，要准确把握生产力进入更高发展阶段所发生的"质变"，必须构建介于抽象生产力范畴和具体技术、工艺、工具、劳动对象等生产力构成要素（或载体）之间的"中间层次"范畴来描述生产力在不同时期形成的"阶段性"特征和在不同国情条件下形成的"多样性"差别。这个处于"中介"地位的生产力的"中间层次"范畴，并非某些具体生产力构成要素（或载体）按"类别"归拢而成的"集合"，而是发挥着某种生产功能的各类构成要素（或载体）形成的有效"组合"。生产力不同发展阶段的"性质"差别，也需在其承担的功能中进行规定和比较。

这种承担特定生产功能的"组合"也被上述"调节派"学者描述为一种"范式"。例如，在法国调节派的"中间层次"范畴体系中，被视为"积累体制""调节模式"和"发展模式"等制度体系的物质基础的"工业生产范式"，就是体现工业生产技术和分工特征的"组合方式"，如批量生产的"泰勒主义范式"等。但是，法国调节学派等"制度学派"的分析往往将"工业生产范式"及其发展动态视为探讨"积累体制"和"调节模式"等制度体系发展动态的前提和动力，深入剖析其发展阶段和动态过程的专题研究则相对较少。换言之，这一范畴虽然刻画了"中间层次"意义上的生产力，但是未赋予这些"中间层次"范畴以"内生变量"意义上的理论动态和类型差别，以这些范畴为中心的分析框架也未能形成。当然，这种"范式"术语依然可以作为描述生产力"中间层次"范畴的有效表达式，从"范式变革"的角度描述生产力的"质变"过程也是一个有益的理论进路。

（二）生产范式：以马克思的原理构建生产力的"中间层次"范畴

在划分了渔猎社会、农业社会和工业社会的基础上，我们可以将"中间层次"分析的范围限定为工业社会内部。更进一步，马克思把工业社会划分为工场手工业和机器大工业两个发展阶段，其中工场手工业兴起于 15—16 世纪，在第一次工业革命时期转向机器大工业。迄今为止，总的工业时代大致可划分为前后两个长度分别为 200 余年的工场手工业时期和机器大工业时期。我们需要完成的任务就是对机器大工业不同细分阶段的生产力赋予相应的"中间层次"范畴。对于这段历史时期，马克思主义学者和新熊彼特学派已经结合历次技术革命，作出了大致的历史分期，在近年来形成了

如何发展新质生产力

学术圆桌

相对稳定的"六阶段"划分法，如表1所示。

表1 以技术革命为参照的工业发展"六阶段"划分法

		起始时间	生产力——生产方式——生产关系				核心国家
			关键技术	主导产业	生产组织方式	制度	
第一次工业革命	第一次技术革命	1771年	纺织机械化、熟铁冶炼、机器	棉纺业、冶铁业	工厂制、机械化生产	单一制、合伙制企业、自由分散竞争	英国
	第二次技术革命	1829年	蒸汽机、铁矿煤矿、铁路	铁路运输业、蒸汽机制造业、机床	机器大工业生产、零部件标准化、技术工人制	竞争资本主义、熟练工人控制、有限政府	从英国向欧洲大陆、美国扩散
第二次工业革命	第三次技术革命	1875年	钢铁酸性炉、钢制蒸汽船、重化工、电力、电缆	电力产业、钢铁业、重化工业、重型工程	普遍标准化、科学管理、泰勒制巨型企业	公司制资本主义工会弱势、政府实行联邦储备制	美国和德国超越英国
	第四次技术革命	1908年	汽车、石油燃烧、石化产品、内燃机、家用电器	汽车业、坦克、发动机、飞机、航空产业	大规模生产、工业流水线、福特制主义	受调节资本主义、工会合法化、政府推行社会保障	由美国扩散至欧洲

178

学术圆桌

续表

		起始时间	生产力——生产方式——生产关系				核心国家
			关键技术	主导产业	生产组织方式	制度	
第三次工业革命	第五次技术革命	1971年	信息革命、微电子技术、计算机、软件、远程通讯	计算机产业、软件业、电信产业、互联网产业	大规模定制、后福特制主义、丰田生产、柔性生产	跨国资本主义、工会谈判力下降、新自由主义体制	由美国扩散至欧亚
	第六次技术革命	2008年	生物技术、可再生能源、新材料、人工智能、大数据	云计算、智能机器人产业、大数据产业	智能化、个性化定制、DIY	平台资本实力强化、逆全球化竞争体制抬头、西方紧缩的福利政策	美国、日本、欧洲和中国

资料来源：第一次至第五次技术革命浪潮的技术创新、主导产业、管理和组织形式的信息来自：〔英〕克里斯·弗里曼、〔葡〕弗朗西斯科·卢桑：《光阴似箭——从工业革命到信息革命》，沈宏亮等译，北京：中国人民大学出版社，2007年，第145-146页；〔委〕卡罗塔·佩雷丝：《技术革命与金融资本》，田方萌等译，北京：中国人民大学出版社，2007年，第18-19页。第六次技术革命浪潮的信息来自：贾根良：《第三次工业革命与工业智能化》，《中国社会科学》2016年第6期。制度变革的信息来自：〔美〕塞缪尔·鲍尔斯、理查德·爱德华兹、弗兰克·罗斯福：《理解资本主义：竞争、统制、变革》，孟捷等译，北京：中国人民大学出版社，2010年，第143页。

◉── 学术圆桌 ◉

从表 1 不难看出，迄今为止马克思关于机器大工业的基本界定依然成立：现代工业的物质载体依然是一个以机器体系为中心的物质生产系统，信息化和智能化只是提升了人类操作这一系统的便利性，而未改变其作为机器体系和生产资料的本质属性。表 1 中"关键技术"和"主导产业"的阶段性特征就是不同时期生产力发展水平的重要体现，其内容主要来自新熊彼特学派。可以看出，这些阶段性特征对"差异性"标识涉及较多，对各阶段之间的共性与联系涉及较少，从中找到从低级阶段向高级阶段发展的演进趋势，或者探寻贯穿各发展阶段的发展规律是非常困难的。这也与经济演化理论的方法论立场有关，他们反对所谓的"决定论"，不认为事物的演化存在从"从低级走向高级"的必然趋势。

界定各阶段生产力的"中间层次"范畴，依然需要借鉴马克思主义理论的研究。回顾现代工业史可以发现，马克思所界定的机器大工业的基本特征不仅没有消失，反而处于持续强化之中。例如，马克思认为，机器大工业区别于工场手工业的"本质特征"就在于机器和力学的技术规则取代了手工操作的工艺规则："在工场手工业生产和机器生产之间一开始就出现了一个本质的区别。在工场手工业中，单个的或成组的工人，必须用自己的手工工具来完成每一个特殊的局部过程……在机器生产中，这个主观的分工原则消失了。在这里，整个过程是客观地按其本身的性质分解为各个组成阶段，每个局部过程如何完成和各个局部过程如何结合的问题，由力学、化学等等在技术上的应用来解决。"这一"本质的区别"在后续的历次工业革命中被不断强化。直到今天，科学的技术规则依然主导着现代工业生产各流程的技术标准、生产形制和工艺规格；机器体系的发展越来越不从属于"主观的分工规则"，工人在生产中的体力劳动和脑力劳动越来越从属于机器体系"在技术上的应用"。

因此，把握当代工业的本质特征，依然可以参考马克思研究机器大工业所采用的"发动机—传动机构—工作机"原理："所有发达的机器都由三个本质上不同的部分组成：发动机，传动机构，工具机或工作机。发动机是整个机构的动力……传动机构……把运动分配并传送到工具机上……由此工具机才抓住劳动对象，并按照一定的目的来改变它。"只要将"传动机构"的范围略做拓展，这一原理就可以适用于现代工业的全部历史：随着单个机器发展为机器体系以及企业内的机器体系拓展至企业之间，"传动机构"的职能需要从"动力传导"延伸至"动力传导 + 物流传送 + 信息传输"。依据这一原理，表 1 中涉及生产力发展的"关键技术"和"主导产业"的多数要素都可以归结为：发动机所需的能源、传动机构所需的交通和通信条件以及工作机所操作的材料三个方面的要素。对此，马克思也做了相应的预见："发动机、传动机构和工具机的规模日益扩大；随着工具机摆脱掉最初曾支配它的构造的手工业型式而获得仅由其力学任务决定的自由形式……难于加工的材料日益不可避免地被应用，例如以铁代替木材"；"交通运输业是逐渐地靠内河轮船、铁路、远洋轮船和电报的体系而适应了大工业的生产方式"；"劳动资料取得机器这种物质存在方式，要求以自然力来代替人力，以自觉应用自然科学来代替从经验中得出的成规"。自第一次工业革命以来，历次技术革命和工业革命的生产力变革大都涵盖了"能源—交通通信—材料"三个主体方面。是否形成了这三个方面的变革也被视为判断技术革命和工业革命是否成立的重要参考。

"能源—交通通信—材料"描述的不仅是一个企业内部运转的机器体系，更是全社会各部门共同组成的庞大机器体系。在这个体系中分别归类为能源、交通、通信和材料行业的各个产业部门，彼此联系，在全社会范围"组合"为一个总体性的生产范式。三类要素的效能交互影响，融为一体：所用能源的效能越高，交通和通信的传输效率就越高，工作机的强度就越大，能够使用和加工的材料种类就越多；交通通信水平的提高，能将更大范围的生产纳入一个统一的机器体系，提升能源的使用效率，拓展材料的应用场景，推动新能源和新材料的开发和利用；开发利用的新材料种类越多，机器设备的效能就越强，交通和通信的传输能力就越高，就越能开发更多新能源、提升能源利用效能。在这个"能源—交通通信—材料"三位一体的机器体系中，生产变革能否实现的关键，不在于某项技术水平的高低或部分材料性能的优劣，而在于它们能否融入并改变整个生产范式。只有三方面要素协同调整，形成三位一体的全新"组合"，才标志着生产力进入了新的发展阶段。这种具有全局性意义的"能源—交通通信—材料"三位一体的生产范式就是机器大工业时期生产力的"中间层次"范畴。

在历次工业革命和技术革命中把握我们提出的"能源—交通通信—材料"范式，还需联系经济长波理论。表1的"六阶段"划分法也与经济长波理论关系密切。适当调整经济长波的历史界分，我们可以将一轮为期50年的"V"型经济长波大致对应一轮技术革命，而两轮相邻的技术革命和经济长波则构成一次工业革命。一次工业革命的百年历程，按"W"型长波的四个阶段划分为"导入期—拓展期—协同期—成熟期"。第一轮下降长波（"导入期"）和第一轮上升长波（"拓展期"）构成第一轮技术革命，其生产变革虽然已经形成了"能源—交通通信—材料"三个方面的联动，但变革的总体范围依然局限在部分先行部门。这些先行部门与其他部门既有的生产范式之间的冲突，是导致下一轮下行周期即"协同期"的重要原因。在"协同期"中，此前涌现的那些新的"能源—交通通信—材料"向全社会各行业部门延伸渗透，某些难以实现全局性普及的要素被淘汰，那些具有"全行业"渗透力的新技术、新范式则衍生出渗透至各行业领域的适应性技术和工艺；渗透至全社会各行业的"能源—交通通信—材料"新组合，最终在"成熟期"全面崛起，形成一轮大规模的上升长波，完成一轮"工业革命"，确立一个全新的生产范式。相应的，我们可以将第一轮技术革命在部分先行部门中兴起的"能源—交通通信—材料"新组合视为一个"技术范式"；将一轮工业革命形成的全社会各行业共同参与的"能源—交通通信—材料"新组合称为一个"工业范式"。三轮工业革命的"工业范式"，可以分别界定为：煤炭蒸汽工业范式、石油电力工业范式和清洁能源人工智能工业范式。

（三）生产范式从低级向高级演进的发展规律

马克思指出："人体解剖对于猴体解剖是一把钥匙。反过来说，低等动物身上表露的高等动物的征兆，只有在高等动物本身已被认识之后才能理解。"我们的研究就是要透过更高级的生产范式回顾、审视机器大工业各发展阶段中始终被强化的那些特征和趋势，从中总结生产力的发展规律。生产范式由各要素按他们所承担的生产功能"组合"而成，这一生产功能可以归结为人与自然之间的物质变换："劳动首先是人和自然之间的过程，是人以自身的活动来中介、调整和控制人和自然之间的物质变换的过程。"机器体系在这一过程中充当"中介的中介"，是人类在生产中实现人与自然的物质变换的工具和条件。运用生产范式探索生产力的发展规律就是要考察："能源—交通通信—材料"组成的机器体系如何通过其演化升级更好地完成人与自然之间的物质变换？其中存在哪些被持续强化的特征和趋势？

第一，物质变换的统一性规律。生产范式三方面构成要素的变革都可归结为物质变换的优化：能源的变革强化从能源到人力的物质变换，材料的变革强化从自然材料到生产资料和生活资料的物质变换，交通和通信的变革提升个人参与

学术圆桌

物质变换的空间范围。三方面变革统一于生产手段和目的的改善之中。从生产手段看,能源变革替代、延伸并强化人力,交通和通信变革使个体人力在更大范围内形成总体合力,材料变革扩大人力的作用范围;机器体系以人类付出更少人力、操作更大范围更高强度生产的方式提升人类的生产能力。从生产的目的看,能源变革降低人类在生活中"非自愿的人力输出"增加"自主时间",交通和通信变革拓展人类的交流和生活空间,材料变革提升人类享用的生活资料的种类和品质;机器体系以人类在更多自主时间和空间中享用更多更好生活资料的方式提升人类的生活质量。总之,"三位一体"的机器体系既是生产器具也是生活用具,三者之中任何一项变革引发其他两项联动形成的范式改进都兼具提升人类生产能力和生活质量的双重效应。

第二,效率与生态化规律。物质变换水平的提升就是生产效率的提升。人力和自然资源是最根本的生产消耗——生产效率的提升就是以更少的人力付出和更少的自然物质损耗获得更大规模、更高质量的产出,即提升劳动生产率和自然资源利用率,不断走向更高效率、更为生态化的生产范式。其中,自然物质的损耗不仅包括生产过程直接消耗的能源和材料,也包括生态破坏导致的间接损耗;而降低损耗的关键

学术圆桌 ●

是降低不可再生物质的占比。农业文明进入成熟期后以种植畜养全面取代采摘渔猎，实现了物质变换方式的彻底革命；同样，现代工业也需要把物质变换的对象转向自然界的"可再生物质"，就当前进度而言依然任重道远。

第三，代际差异的演化规律。不同阶段的生产范式伴随其物质变换"完成度"的提升呈现"代际演化"，其代际差异至少包括以下三个方面。首先，技术积累和突破的代际差异。知识的积累和创新就是人类文明的薪火相传。新生产范式的出现是人类科技知识不断突破的结果。科技发展的代际差异，以及在此基础上形成的生产技术和工艺的代际差异是塑造生产范式代际差异的关键要素。其次，物质深加工程度和利用广度的代际差异。开发利用自然物质的能力越来越多地体现为对既有资源进行"梯次"深加工和更广泛利用的能力。例如，直到今天，以煤炭为主体燃料的"火电"依然是电力能源的主体部分，"电力革命"在很大程度上就是以"发电"技术实现了煤炭能源的进一步深加工和再利用。在广度方面，电报等通讯技术的功率条件和计算机技术的"算力"主要来自电力。这些通讯和计算机技术带来的范式变革就是电力的利用广度从交通动力向信息传送动力、从"替代体力"向"替代脑力"的拓展。最后，协作分工体系延伸的代际差异。交通通信的发展在越来越大的空间中形成统一的机器体系，全球生产融合为一个统一的工业系统。三个阶段的工业范式在经济全球化方面分别对应着贸易的全球化、投资的全球化和全球生产的碎片化。当然，上述三方面的代际差异只能刻画出某项技术或部分领域（或行业）从低级到高级连续性成长的轨迹；任何一项升级能否形成新的工业范式或技术范式，还取决于新的技术或资源能否推动全社会范围的机器体系形成"能源—交通通信—材料"三位一体的整体性变革。例如，电力革命成为第二次工业革命标志的重要原因就是：电力长途输送的便利性引发了"传动机构"的革命。电厂和电网成为全社会总的"发动机"和"传动机构"，任何一个装有"变电装置"的地方都可以便利地使用电力能源进行工业生产。

总之，以马克思的"发动机—传动机构—工作机"原理为基础的"能源—交通通信—材料"范式，可以准确界定工业发展不同阶段上形成的生产范式；以此作为生产力的"中间层次"范畴，以人与自然之间物质变换的"完成度"为标尺，可以考察生产范式从低级到高级依次更替的演化规律。三位一体的生产范式是否形成了全局性的彻底变革，是判断生产力是否跨入更高发展阶段实现"质变"的根本依据。

学术圆桌

中心理论：在劳动方式变革中把握新质生产力的生成逻辑

上述"技术范式"和"工业范式"关注的只是机器体系内部的劳动工具和劳动对象，劳动者尚未纳入其中。同时，以"中间层次"范畴规定生产力在不同发展阶段上的具体性质，还仅是生产力发展的"比较静态分析"，尚未深入到生产变革的具体过程，形成生产力发展的"动态分析"。此外，"中间层次"范畴的作用不限于描绘不同阶段的具体性质，还在于它可以嵌入具体时代、具体国情的背景之中，接受来自经济社会各子系统的影响，形成探讨生产力发展的"开放的"分析框架，这一框架的构建还有待完成。本部分我们完成上述三方面的改进，在劳动方式变革中把握"新质生产力的生成逻辑"。生产力经济学等我国社会主义经济理论已经对我们涉及的部分研究主题进行了较为扎实的前期研究，部分成果取得了长足进展，为我们的研究提供了重要的文献支撑和理论参考。

（一）劳动方式变革体现生产力性质的改变

理解新质生产力，关键是把握生产力性质的变化。林岗教授和张宇教授很早就探讨了这一问题，并指出劳动方式的

如何发展新质生产力

学术圆桌

变革是判断生产力性质变化与否的关键标志。劳动方式"是把各种简单要素有机地统一起来的联系，是一定历史阶段的物质生产方式的整体体现，从而反映了这个历史阶段的生产力的特殊性质。某种新出现的生产资料是否使生产力的性质发生变化，取决于它是否引起劳动方式的变革。事实上，我们人类历史上已经完成的生产力革命，都是以物质生产要素特别是劳动工具的技术创新为基础的人类劳动方式的深刻变革"。这里提到的"某种新出现的生产资料"，对应上文机器体系中"能源—交通通信—材料"三者组合中部分构成要素的"代际演化"，也对应着熊彼特那里形成生产"新组合"的各种新要素的引入。值得注意的是，无论是政治经济学的研究，还是熊彼特的经济发展理论，都没有将这些新要素的引入视为生产性质的变化，而是分别规定了构成"质变"的条件。熊彼特按"出现的方式"进行了规定，强调这种变化不能以"小步骤的不断调整"的改良方式出现，而必须是"间断地出现"的彻底变革。我们把是否形成了整体范式的变化视为生产力性质是否改变的依据。考虑到劳动者是生产的主体，生产的过程归根到底是劳动者的劳动过程，生产的范式在技术上制约着劳动者的劳动方式，整体范式是否改变，即生产力性质是否改变，最终必然体现为劳动方式变革与否。

190

学术圆桌

劳动方式也就是前文中马克思多次提到的生产方式。关于两者的概念，高峰教授的概括很有代表性。生产方式有广义和狭义之分：广义生产方式是指生产的社会类型，在总体的意义上是一个社会经济基础和上层建筑的有机统一，构成一个阶段的社会经济形态，多用于亚细亚生产方式和资本主义生产方式等概念。高峰认为这种广义生产方式在概念上更接近生产关系；狭义生产方式是指生产的劳动方式，被马克思"用来指协作、工场手工业分工和机器大工业等资本主义'劳动方式'"。具体而言，政治经济学所关注的不是其中具体的技术和工艺条件，而是协作和分工等将劳动者群体组合起来的具体方式。正如马克思的如下概括："相对剩余价值的生产使劳动的技术过程和社会组织发生根本的变化。因此，相对剩余价值的生产随着严格意义的资本主义生产方式的发展而发展。"这种在发展过程中不断变化的"劳动的技术过程和社会组织"，就是劳动方式的本体含义：所谓技术过程，就是劳动者在生产流程中的技术联系；所谓社会组织，是指将劳动者联结为生产团队的组织架构。这里的社会组织是指组织本身，而不是形成这个组织的制度形式。例如在资本的雇佣下将不同劳动者纳入同一个生产组织，发挥联结作用的雇佣关系就是一个区别于生产组织本身的独立范畴，政治经济学文献也称其为"生产的社会形式",这是一个更接近生产关系的范畴。总之,本文所谓的"劳动方式"是以协作和分工为基本形式的"劳动的技术过程和社会组织"意义上的劳动者群体的组合方式。在这种劳动方式意义上的"生产方式变革"研究,所探讨的主要议题就是如何通过协作和分工的优化升级实现生产力的提升。

当然,是否将劳动者和劳动方式纳入生产力的范围,学界尚有分歧。这里强调的是劳动者作为生产主体的中心地位,以及劳动方式与生产力的紧密联系和协同演化关系。作为生产力的"中间层次"范畴,生产范式既规定了构成机器体系的特定组合,也反映了特定发展阶段上劳动者之间的协作分工方式,因此这些生产范式的变动也与劳动方式的调整相对应。

(二)在劳动方式变革中把握生产力的"质变"过程

将劳动者作为生产的主体引入之后,生产力的构成就可概括为三个层面的"组合":不同劳动资料的组合、劳动者与劳动资料的组合、劳动者之间的组合。劳动方式就是最后一种组合的具体方式,其组合方式在技术上被前两种组合所规定,在行动上则主导着前两种组合。因此,劳动方式的"中

学术圆桌

间层次"范畴也随着上述两种组合的变革而发生相应的变革。

从劳动方式入手理解生产力发展的不同阶段也是马克思的基本方法。在"协作—分工—机器大工业"理论中，马克思就通过劳动方式的变化概括了工场手工业和机器大工业两个发展阶段的本质区别，即劳动者之间的直接协作分工转变为以机器体系为中介的间接的协作分工："在工场手工业中，局部工人的直接协作，使各个特殊工人小组形成一定的比例数，同样，在有组织的机器体系中，各局部机器不断地互相交接工作，也使各局部机器的数目、规模和速度形成一定的比例……原料越是不靠人的手而靠机构本身从一个生产阶段传送到另一个生产阶段，结合工作机就越完善。"相应地，"以机器体系为中介的间接的劳动方式"也成为机器大工业各个发展阶段不断强化的共性特征，而"劳动者之间的协作分工越来越间接"则是一个伴随着生产范式"代际演进"的规律性线索。

对劳动方式的不同发展阶段与各阶段的具体性质进行理论规定，同样需要界定劳动方式的"中间层次"范畴，因此也需准确把握其承担的具体功能。在生产力发展的视角下，劳动方式的关键功能就是形成"社会生产力"，马克思称其为"社会劳动的自然力"或"社会的劳动生产力"："作为协作的人，作为一个工作有机体的肢体……只要把工人置于一定的条件下，劳动的社会生产力就无须支付报酬而发挥出来"；"由协作和分工产生的生产力，不费资本分文。这是社会劳动的自然力"。这种社会生产力水平的高低、参与其中的劳动群体的大小也是衡量劳动方式从低级向高级演进的重要尺度。

　　同时，受益于马克思主义者和其他经济演化理论学者在"劳动过程"领域的深入研究，劳动方式的不同发展阶段和相应的"中间层次"范畴也已逐步形成：工场制（有分工的工场手工业）、工厂制（机器大工业）、泰勒制（标准化生产）、福特主义生产（大规模流水线生产）、柔性生产（规模化定制）和温特制（信息化模块化）等概念就是劳动方式的"中间层次"范畴。表1中劳动方式变革与生产范式调整之间的对应关系也逐步清晰了起来。大致而言，工场制和工厂制分别对应第一次工业革命蒸汽时代的机械化生产和机器大工业两次技术革命，泰勒制和福特主义生产分别对应第二次工业革命电力时代的标准化生产和流水线生产两次技术革命，柔性生产和温特制则大致对应当前第三次工业革命信息时代生产的信息化和智能化两次技术革命。

（三）生产力的发展是一个"开放的"积累过程

将人作为生产的主体引入进来探讨生产变革过程也是熊彼特研究生产变革过程的基本方法。其"企业家"理论就是如此："我们把新组合的实现称为'企业'；把职能是实现新组合的人们称为'企业家'"，可见所有参与生产的成员都有可能成为"企业家"。熊彼特非常关注这些实现生产变革的"企业家"应具备怎样的独特品质，较为生动地描绘了这个承担生产变革职能的特殊群体。但在马克思主义者看来，具体由什么样的人担任"生产变革"的执行者，是社会竞争、选择的必然结果。探讨生产变革的根本，还在于分析那个能够甄别、造就这些执行者的社会运动。对于这种社会运动，恩格斯曾生动地描述到："这样就有无数互相交错的力量，有无数个力的平行四边形，由此就产生出一个合力，即历史结果，而这个结果又可以看作一个作为整体的、不自觉地和不自主地起着作用的力量的产物。"因此，我们需要把劳动者的生产行为嵌入恩格斯所谓"无数个力的平行四边形"之中，通过探讨劳动者以及与其形成的有协作分工关系的特定群体在各种社会运动中的成长过程，形成一个"开放的"分析框架，实现对生产变革过程的"动态分析"。这一"动态分析"

在方法论上的关键意义就是将生产力从"外生变量"转化为"内生变量"。

生产力的"内生化"也是中国政治经济学界的重要研究议题。早在20世纪50年代，李平心就提出了生产力的动力问题，还通过生产力三要素之间的矛盾运动提出生产力不完全依赖生产关系的相对独立的增长，认为"生产力自己增长的可能性，主要决定于它的内在矛盾"。林岗和张宇两位教授关于生产力性质变化的讨论也是以"生产力的发展动力"开题的："问题在于，生产力的发展又是由什么决定的呢？……对这一问题，我们不能借助生产关系对生产力的反作用或所谓制度的经济绩效来加以回答，那样，就会陷入循环论证之中，而必须从生产力自身运动规律中去寻找其发展的动力。"引入劳动者的生产主体视角后，"生产力的自身运动规律"就被置于劳动者的劳动生产过程之中，生产力的发展进步过程也被视为劳动者劳动能力的提升过程。相应地，经济社会各子系统对劳动者及其成长过程的影响都可以被纳入生产力的发展动力理论。

劳动者及其群体的成长是一个逐步积累、从量变到质变的动态过程。相应地，生产力的发展也被刻画为这样一个"开放的"积累过程。例如，中国共产党在革命和战争

学术圆桌

中培养的很多军人和干部在新中国成立之初转行成为工人和管理者。这一时期劳动方式的形成和发展就与此前革命和战争时期的政治和军事进程关系紧密，马克·赛尔登（Mark Selden）将其称为"双向的社会主义化进程"。这一进程中形成的劳动者和相关管理者群体又对中国工业的劳动方式影响深远，此后出现的著名的"鞍钢宪法"就与上述"双向的社会主义化进程"以及20世纪50年代的政治导向息息相关。在这个"积累过程"中，劳动者的知识积累以及整个生产团队的"组织学习"依然是生产力发展的主要途径，在不断积累和学习的过程中，劳动者逐步形成适应新能源、新通信、新材料的全新劳动方式，使技术范式和工业范式的变革最终"落地"，在更高的发展阶段上形成"新质生产力"。

当然，这种开放的分析框架并不排斥生产关系对生产力的反作用，在很多情况下这种反作用与"生产力自身运动"融为一体、密不可分。例如，马克思的"协作—分工—机器大工业"理论就是在其"剩余价值生产"理论中展开的，劳动方式变革内生于资本追求超额剩余价值、进行相对剩余价值生产的竞争行为之中。熊彼特对此高度评价。他认为，相对斯密、李嘉图和穆勒等人的研究，马克思才真正抓住了"内部的经济发展"：在一个均衡走向另一个均衡的过程中，"资本和人口的增加"以及"消费者嗜好方向的改变"都"只是干扰的原因"，"但是其他两个（技术变革和生产组织变革）需要做特别的分析，并将引起与从理论意义上说的干扰完全不同的某些事情"，它们产生了"经济过程的一个新概念，它会克服一系列的根本困难，并从而证明我们在正文中对这一问题的陈述是正确的。这个问题的新陈述同马克思的陈述更加接近。因为根据马克思，有一种内部的经济发展，而不只是经济生活要与变化着的情况相适应。但是我的结构只包括他的研究领域的一小部分"。相对于马克思理论框架中已有的"内生分析"，我们提供的"开放的"分析框架中来自经济社会各子系统的"无数个力的平行四边形"，可被视为劳动方式变革和相关生产范式调整的背景和基础。

综上所述，构建劳动方式的"中间层次"范畴，将具体的生产范式与劳动方式的"中间层次"范畴相对应，可以在劳动方式变革之中把握工业发展阶段的变化，将其刻画为劳动者生产能力提升的积累过程。同时，基于"中间层次"范畴的"开放性"和"粘性"特征，可以将政治、技术和文化等社会子系统的影响纳入其中，形成一个"开放的"动态分析框架，系统解析"新质生产力的生成逻辑"，分析各国生产范式和劳动方式在不同国情下形成的国别特征，为后发国家在不同发展阶段上的生产力发展策略和工业化道路提供相应的理论解析。

结　论

最后我们对新质生产力概念作出如下理论界定：生产力发展呈现从低级到高级演化的阶段性特征，体现为工业的不同发展阶段，在每个阶段形成相应的生产范式，随着工业进入更高发展阶段，生产范式经历全方位的彻底变革，对应着生产力进入更高发展阶段发生的"质变"，全新的生产范式对应着更高发展阶段上形成的新质生产力。

当代工业仍然符合马克思关于机器大工业的基本界定，因此我们可以将研究范围限定在机器大工业内部，仅就机器体系各构成部分在不同发展阶段上经历的"代际演化"探讨工业由低级到高级的演化规律。依据马克思研究机器体系的"发动机—传动机构—工作机"原理，构建"能源—交通通信—材料"三位一体的"技术范式"和"工业范式"作为规定特定发展阶段上生产力具体性质的"中间层次"范畴，从理论上描述生产力进入更高阶段形成的"质变"。相应的，

▌学术圆桌●

生产变革区分为微观层面的局部变革与宏观层面的总体性变革。某一企业、行业以及部分行业中部分生产力构成要素的变化，可能引发机器体系在某一个或部分行业部门的变革，但只要这种变革不形成"能源—交通通信—材料"三个方面的总体性变革，就不构成新的"技术范式"或"工业范式"，这种变革也仅是局部的，甚至是临时的，可能被那些融入新范式的或由新范式衍生来的其他变革所取代，因而这一段时期的变革也仅是生产发展的一个"临时状态"或发展史中的"一段弯路"，不代表生产力发展的必经阶段或必然具备的具体性质。只有那些融入整体"技术范式"或"工业范式"，并在"能源—交通通信—材料"三个方面带来系统变革的生产变革，才能开启生产力发展的新阶段，其形成的全新"技术范式"和"工业范式"才是新发展阶段上生产力具体性质的集中体现，这一变革过程才能被称为生产力的"质变"，才能形成新质生产力。

生产的变革归根到底是人的生产行为的变革，机器体系是劳动者参与协作分工的中介，机器大工业新范式的形成对应着劳动者劳动方式的变革。将形成"社会生产力"作为协作分工等劳动方式的基本功能和评价标准，将不同发展阶段的劳动方式界定为相应的"中间层次"范畴，可以在劳动方式变革中把握"新质生产力的生成逻辑"。具体而言，就是以劳动者为生产主体，将劳动者提升其生产能力的动态过程视为一个开放的积累过程，发挥各阶段生产范式和劳动方式等"中间范畴"的"开放性"和"粘性"特征，将政治、技术和文化等社会子系统的影响作为"无数个力的平行四边形"纳入分析框架，用于分析工业发展阶段的动态演进，以及各国工业发展道路的国别特征，进而结合各国所处的工业发展阶段和国际发展格局，为各国的生产力发展策略和工业化道路提供理论解析。

劳动方式就是狭义的生产方式。一国在生产力崛起的同时，也会形成其具有国别特色的优势生产方式。例如，美国泰勒制和福特主义生产方式的崛起就是美国成功推行标准化生产和规模化流水线生产的重要标志；丰田生产方式的崛起就是日本在 20 世纪中后期掌握柔性生产推动日本工业"后来居上"的重要标志；德国处理公司治理和劳资关系的"莱茵模式"的崛起，则是德国发展精密制造、实现"质量制胜"的重要支撑。随着第六次技术革命和工业智能化的发展，柔性生产的优势日益突出，各国正在积极探索能够发挥本国优势的柔性生产方式。准确理解新质生产力，在中国特色的生产力理论基础上打造具有中国特色的柔性生产方式，是探索

学术圆桌

中国特色新型工业化道路的必由之路。

总之，为解析"新质生产力"及其生成逻辑，我们将传统经济理论关于生产力发展阶段的划分，发展为以"中间层次"范畴描绘生产力具体性质的"生产力发展阶段论"，在理论上彻底完成生产力变量在政治经济学中的"内生化"；在一个开放的分析框架中，在劳动方式变革的视角下以劳动者能力提升的积累过程透析"新质生产力的生成逻辑"。沿着这一理论方向持续完善生产力理论的分析框架，可以继承和发展生产力经济学等国内政治经济学的相关学说，推进生产力理论的中国化，为探索中国特色的新型工业化道路提供理论支撑。

《马克思主义研究》（2023 年第 11 期）

新质生产力发展的全新赛道

——兼论颠覆性创新的推动作用

李晓华

新质生产力的概念提出以来，有关机构和不少学者进行了内涵、特点解读。例如，中央财办有关负责人在解读2023年中央经济工作会议精神时认为，新质生产力"以劳动者、劳动资料、劳动对象及其优化组合的质变为基本内涵，以全要素生产率提升为核心标志"。这些研究还剖析了新质生产力的形成机制及其与中国式现代化、新型工业化、高质量发展等方面的关系，认为新质生产力是实现中国式现代化和高质量发展的重要基础。一些学者注意到颠覆性创新对新质生产力的推动作用。如周文等认为，新质生产力是关键性颠覆性技术实现突破的生产力，其"新"体现为关键性颠覆性技术的突破；余东华等指出，前瞻性、引领性、颠覆性创新是新质生产力的来源。不少学者认同前沿技术突破和颠覆性创新是新质生产力的动力，由其形成的新兴产业是新质生产力的重要表现。但总体上看，对颠覆性创新与新质生产力发展的关系，以及相应的产业发展政策的系统性的研究相对欠缺。

新质生产力中的颠覆性创新

新质生产力是由技术革命性突破、生产要素创新性配置、产业深度转型升级而催生的当代先进生产力。科学技术是生产力，而且是第一生产力。尽管增量科技创新也是生产力发展的重要推动力量，但新质生产力是相对于传统生产力的质的跃升，实现这一跃升是增量型的技术创新所不能达到的，需要前沿技术实现重大突破和颠覆性创新的出现。

"颠覆性技术"一词，最早由克里斯滕森在《创新者的窘境》一书中提出。2003 年，克里斯滕森和雷纳将"颠覆性技术"扩展为"颠覆性创新"。颠覆性创新意指在主流市场之外的边缘市场的技术创新，基于颠覆性创新的技术通常更便宜、更简单、更小巧，以及通常更便于使用。后来"颠覆性创新"的概念，也被用来指那些创造完全不同的技术路线、产品或商业模式，从而使原有的创新被替代、破坏的技术创新，或者是那些能够创造出世界上不存在的产品或服务、开辟全新领域的技术创新。

与新质生产力相关的颠覆性创新，应该是后一种含义。推动新质生产力的颠覆性创新，是改变程度更大、新颖程度更大、影响程度更深的创新，能够以更高质量的产品、服务、模式等满足人类的需求，同时开辟了一个全新的"蓝海市场"，使企业能够获得更大利润、产业具有更高附加价值、相关从业人员能够获得更多收入，从而成为促进经济增长、带动人民富裕的关键力量。新质生产力区别于传统生产力的最主要特征，也是新质生产力发展最主要的驱动力就是颠覆性技术创新。

当前，新一轮科技革命和产业变革深入推进，前沿技术不断突破，颠覆性创新不断涌现。从《麻省理工科技评论》评出的"十大突破性技术"可见，当前的技术创新活跃，有些颠覆性技术已经进入产业化应用阶段并释放出巨大的价值，有些蓄势待发，有望在未来产生颠覆性影响。世界主要国家都高度重视颠覆性创新，纷纷出台发展战略、法律和政策，对前沿技术和颠覆性创新加大投入、对颠覆性创新的产业转化加大支持，以期引领技术创新和产业发展方向，尽快形成产业新赛道和经济增长新动能，并在创新链、产业链中取得掌控地位、获得更大的价值创造份额。新一轮科技革命和产业变革，也使我国第一次有机会和有条件全面拥抱科技革命和产业变革带来的发展机遇，有望在多个细分赛道取得领先。实际上，在过去 20 年，我国通过抓住科技和产业变革机遇，在数字经济、光伏组件和风电设备、动力电池、新能源汽车等新兴产业均取得巨大成就，光伏电池、锂离子电池、新能源汽车等"新三样"成为我国出口的新亮点。

颠覆性创新推动新质生产力发展的路径

颠覆性创新蕴含着巨大的颠覆性力量，不但能够催生全新的产业赛道，而且能够推动传统产业升级，并重构既有的产业链格局。

开辟全新赛道。许多颠覆性技术创新来自基础研究的重大进展或工程技术的重大突破，使得原有无法实现的科学构想得以工程化、产品化。例如，西门子法制多晶硅工艺使利用太阳能发电在工程上成为可能。一项颠覆性技术能否产生商业价值、开辟新的产业赛道还受到市场需求的制约，有较大规模市场需求的颠覆性技术才能最终实现产业转化。市场需求包括：一是长期存在但未被有效满足的需求，如人类对健康、长寿的追求；二是企业发现并尝试实现的潜在需求，如智能手机、虚拟现实设备的出现；三是由各国政府人为创造的需求，如为实现应对气候变化目标需要发展可再生能源、节能、碳储存、碳捕获、碳金融等产品和服务；四是能够以更高的效率（更高质量或更低成本）满足已经存在的需求，如更快捷的运输方式。

重大科学发现深化了人类对自然规律的认识，是颠覆性创新的理论基础，但二者并不存在连续递进的关系，从科学发现到颠覆性技术的产业转化，常常有一个漫长的时间跨度。例如，"光生伏特"效应发现于1839年，但它到21世纪才实现大规模应用。此外，一些颠覆性的工程化技术虽然没有彻底搞清楚其内在的科学机理，但并不影响它的产业化应用。颠覆性创新催生以更高效率满足现有需求或全新需求的产品或服务，如果这种新产品能够被更多的群体所接受，就会创造出一个蓬勃发展的新兴市场和新兴产业。由于产品的生产需要众多产业提供材料、零部件、设备、仪器、软件等投入品，而且很多投入品仍需要根据新产品进行适应性的技术创新或架构调整，因此颠覆性创新的产业化还会带动一个包括广泛产业领域的产业生态的发展，进一步壮大新质生产力的力量。

升级传统产业。传统产业是指存在时间较长、技术较成熟的产业。由于技术成熟、产业的技术进入门槛低，有大量企业在市场中共存，市场竞争非常激烈。成熟的技术虽然能够以很低的成本满足广泛的市场需求，但存在产业增速缓慢，附加价值和利润率低等问题。较早建成的产能虽然满足当时的能耗、二氧化碳排放、污染物排放、生产条件和产品质量等方面的监管标准，但随着人们认识程度的提高、发展理念的升级等影响，原有的产能可能不符合当前发展的要求。例如，在碳达峰碳中和目标的约束下，大幅度提高能源利用效率、使用可再生能源、减少二氧化碳排放，成为钢铁、有色、石化、材料等产业升级的要求。新一轮科技革命和产业变革中涌现的颠覆性创新，往往具有通用目的技术的特点，即能够在广泛的领域应用，并通过深度的融合对所应用领域产生深刻的影响。第二次工业革命出现的电力，显著改变了各行业的生产方式、组织形态和生产效率。

当前，新一轮科技革命和产业变革中的许多通用目的技术特别是数字技术，推动各传统产业在要素结构、产品形态、产业业态、业务流程、商业模式等方面发生变革，推动传统产业提高研发效率、降低生产成本、改进产品质量、增强产线柔性、加快响应速度、减少能耗排放、拓展增值服务，成为质量变革、效率变革、动力变革的重要力量。传统产业在颠覆性技术的赋能下实现产业升级、重新焕发生机，成为新质生产力的重要组成部分，而传统产业升级过程中赋能技术的使用，也拉动新兴产业需求的快速增长，从而进一步加速了新质生产力的发展。可以看到，移动通信、云计算、人工智能等数字产业的高速增长，源自该行业本身创造的新需求拉动，数字技术在其他行业的广泛应用，成为数字产业高速增长的重要推动力。

重构产业格局。在经济全球化时代，世界各国的产业链紧密交联在一起，一个国家某个产业的发展一般不可能离开世界范围内的分工与合作。新质生产力的发展，也是在全球分工合作又竞争的环境下进行的。颠覆性创新通过两种路径重构世界产业格局。一是在新兴产业形成新的分工格局。尽管发达国家在相对比较成熟的产业具有优势，但在颠覆性创新产业化形成的新兴产业并不一定能够保持这种优势，换句话说，新兴产业格局常常与原有的产业格局有很大不同。发达国家可能对新出现的技术不敏感、支持力度不够，造成颠覆性技术产业化的进程缓慢。反之，在颠覆性技术和由此形成的新兴产业，后发国家处于与发达国家相同的起跑线上，如果政策得当，就有可能实现颠覆性技术更早的产业化和换道超车。从历史上看，许多国家的崛起都是抓住了新一轮科技革命和产业变革中主要的颠覆性创新突破和新兴产业涌现的机会。一个国家新质生产力发展的快，它在全球新兴产业中的份额和分工地位就会提高，反之则会下降。

二是重构原有产业的格局。颠覆性技术常常会使产品架构、生产工艺流程等方面发生重大变化。例如，新能源汽车相对于燃油汽车，不仅是动力从发动机变为动力电池，而且主要部件也从由变速箱、离合器、传动轴承构成的传动系统变为驱动电机、电控系统。颠覆性技术在产业化早期阶段形成的产品在成本、性能、价格等方面相对于既有产品往往处于劣势，由于市场规模相比于成熟产品微不足道，在位企业常常会忽视颠覆性创新燃起的"星星之火"。再加上企业内部既得利益的阻挠、打破供应链长期合作关系的巨大成本等因素，在位企业往往在颠覆性技术上的投资不足，从而使产业"新势力"在颠覆性技术、产业链配套、品牌影响等方面后来居上。这是特斯拉成为全球市值最高的汽车制造企业，以及我国成为新能源汽车最大生产国、消费国和出口国的重要原因。此外，即使是在产品架构不发生颠覆性变革的情况下，在位企业如果对颠覆性技术的应用反应迟钝，如数字技术推动的数智化转型，其产业地位同样会被削弱。同时要看到，新质生产力的发展不是零和博弈，虽然各国之间在争取更大市场份额、争夺技术和产业主导权、控制权上存在竞争，但更主要的目标是要实现颠覆性技术更快发展、将新兴产业加快做大，通过"做大蛋糕"共同分享新质生产力发展创造的财富。

颠覆性创新的特点与产业政策转型

长期以来，我国在科技和产业发展等方面都落后于发达国家，我国产业发展的主要任务是建立起现代化的产业体系特别是工业体系，缩小与发达国家在既有产业方面的差距，因此我国的科技和产业政策也主要围绕缩小差距的"赶超战略"而建立。但是，经过新中国成立七十多年特别是改革开放四十多年来的发展，我国产业技术能力显著提高，许多产业无论生产规模还是技术水平已处于世界第一梯队。

新一轮科技革命和产业变革，更是给我国提供了发展新质生产力的历史契机。驱动新质生产力发展的是前沿技术和颠覆性技术，新质生产力的核心构成是由前沿技术突破和颠覆性创新形成的战略性新兴产业和未来产业。在这些方面，我国和世界其他国家处于相同的起跑线上，没有其他国家的经验可以借鉴、教训可以吸取。发展新质生产力，意味着我国科技和产业发展进入"无人区"，产业政策需要根据颠覆性创新和新兴产业的特点，做出适应性的转型。

高不确定性需要产业支持政策的转型

在与先发国家存在较大差距时，后发国家企业引进学习世界范围的先进技术，政府部门通过创新政策和产业政策支

211

持已经被市场证明成功的技术路线，可以加快后发国家产业发展，在更短的时间缩小与发达国家的差距。这种"选择优胜者"的产业政策在许多后发国家的追赶过程中，均发挥了重要作用。

同时要看到，颠覆性创新和新兴产业在技术路线、应用场景等方面，具有很高的不确定性，无论是科研机构、企业还是政府，都无法在事前准确判断技术向什么方向发展、哪种技术能实现工程化以及大规模产业化、具有大规模应用的场景在哪里，因此事先选择优胜者的产业支持政策失灵，政府的作用应由选择型向功能型转型，转向创造更好的科技创新和产业发展环境，弥补科技创新和产业转化早期阶段的"市场失灵"问题。例如，加大基础研究的投入、创造早期应用市场，以及适时进行制度、法律和政策改革以适应新技术、新产品、新模式发展的要求。

市场选择性需要更好地活跃市场主体

当科学家看到某个有重大突破的技术方向时就会大量涌入，企业看到某个重大的市场机会时也会纷纷进行创业、投资。无论是在科技创新的早期阶段，还是新兴产业发展的初期阶段，主导设计尚未形成，同时并存许多条不同的技术路线。至于哪条技术路线能够最终成为主导设计而胜出，需要在市场竞争之中、在供给与需求的互动中确定。

市场面对不确定性的机制就是让大量的科研机构和企业沿着不同的研究方向、技术路线进行探索，随着时间推移，各方对技术方向逐步形成共识，实现技术路线的收敛。

让市场选择发挥作用，既需要有大量的科技创新主体、市场主体在尽可能多的方向上进行探索，也需要市场机制充分发挥作用，通过有效竞争在众多的颠覆性技术中筛选出最可行的方案。因此，在科技政策上，应鼓励科研机构和科学家进行更加自由的科研探索，并改变过去那种"以成败论英雄"的科研考核机制；在产业政策上，应鼓励科技型创业，便利企业的注册、退出，并创造更加宽容失败的社会氛围；在竞争政策上，应建立全国统一大市场和各类企业公平竞争的市场环境，让企业家才能充分释放。

时序关联性需要秉承包容审慎的原则

颠覆性技术的主要应用场景在不同的时间段可能会发生显著的改变，具有更大潜力、催生新一代颠覆性创新的场景有可能在未来出现，即颠覆性创新及其应用场景具有时序关联性，这就使得今天一个产业发展可能会对明天另一个产业产生重要的影响。但是，在影响发生之前，同样无法准确预料，这是颠覆性创新和新兴产业高不确定性的另一种表现。

技术的迭代创新必须有市场应用的支持，如果对颠覆性技术应用管得过死，限制它在某些存在一定不合意影响领域的应用，很可能就会使该技术的应用市场发展不起来或规模不够大，从而缺少足够的营收支撑企业的成长，由于缺乏对技术创新的持续支持，该技术的进步也会更加缓慢，甚至停滞乃至消亡。当依赖该技术的新技术出现时，就会由于缺少必要的技术储备而限制新一代颠覆性技术的突破和产业化。特别是在不同国家采取的监管政策存在巨大差异时，之前对颠覆性技术应用的限制可能会造成新一代颠覆性技术发展的落伍。这就意味着产业监管政策的实施应非常谨慎，需要采取包容审慎的监管原则，给新技术更大的应用空间，尽可能把限制控制在较小的程度。

不可预测性需要发挥科技伦理的作用

颠覆性创新并非总是带来积极的影响，对新技术认识的不充分和滥用不仅可能造成经济损失，甚至可能给人类带来毁灭性的后果。例如，核能的武器化存在夺取大量生命甚至毁灭地球的可能；再如，ChatGPT 出现后，许多科学家和企

学术圆桌

业家产生了对通用人工智能滥用的破坏力的担忧。同时，政府监管存在滞后性，而且跟不上技术和产业快速演进的速度，难以用常规的监管方法对技术的有害后果进行及时治理。

诚然，我们不能因为无法预判技术的负面影响而停止科技创新和产业发展。可以通过科技伦理的事前自我治理、事中社会治理和事后政府治理的协同机制，尽可能早地发现和纠正有可能对人类社会造成巨大损害的科技创新，对科技的负面影响做出更及时的预防。

《国家治理》（2024 年 1 月上）

加快培育和形成新质生产力的主要方向与制度保障

宋葛龙

新质生产力由技术革命性突破、生产要素创新性配置、产业深度转型升级而催生，以劳动者、劳动资料、劳动对象及其优化组合的跃升为基本内涵，以全要素生产率大幅提升为核心标志。从顶层思维与底层逻辑、理论前沿与鲜活实践、世界大势与现实国情等角度看，新质生产力以科技创新为主导，具有信息化、网络化、数字化、智能化、自动化、绿色化、高效化等特征。新质生产力的特点是创新，关键在质优，本质是先进生产力。新质生产力这一重要论断，是对马克思主义生产力理论的创新和发展，进一步丰富了习近平经济思想的内涵，具有重要的理论意义和深刻的实践意义。

加快培育和形成新质生产力的主要方向

从产业层面看，加快培育新质生产力，要巩固壮大战略性新兴产业，布局建设未来产业，改造提升传统产业。

学术圆桌 •

　　加快培育壮大战略性新兴产业。战略性新兴产业是以重大技术突破和重大发展需求为基础，对经济社会全局和长远发展具有重大引领带动作用的产业，具有知识技术密集、物质资源消耗低、成长潜力大、综合效益好等特征，也是生成和发展以科技创新为核心、符合高质量发展要求的新质生产力的主阵地。国家统计局发布的《战略性新兴产业分类（2018）》明确了战略性新兴产业的主要范围，包括新一代信息技术产业、高端装备制造产业、新材料产业、生物产业、新能源汽车产业、新能源产业、节能环保产业、数字创意产业、相关服务业等九大领域。《中华人民共和国国民经济和社会发展第十四个五年规划和 2035 年远景目标纲要》（以下简称《纲要》）指出："聚焦新一代信息技术、生物技术、新能源、新材料、高端装备、新能源汽车、绿色环保以及航空航天、海洋装备等战略性新兴产业，加快关键核心技术创新应用，增强要素保障能力，培育壮大产业发展新动能。"党的二十大报告对建设现代化产业体系作出部署，进一步指出："推动战略性新兴产业融合集群发展，构建新一代信息技术、人工智能、生物技术、新能源、新材料、高端装备、绿色环保等一批新的增长引擎。"

　　"十四五"以来，战略性新兴产业在产业链、创新链、人才链、资金链方面不断融合创新，"四链融合"逐步成为战略性新兴产业实现高质量发展的主引擎，为战略性新兴产业加速形成新质生产力、开辟发展新领域新赛道、不断塑造发展新动能，提供了新的思路和路径选择。

在产业链发展方面。重点优势产业链发展成效显著，新一代信息技术、生物技术、高端装备制造等领域产业链发展优势得到巩固。2023 年 1–11 月，我国规模以上电子信息制造业增加值同比增长 2.6%；2022 世界显示产业大会发布的《中国新型显示产业发展现状与趋势洞察》报告显示，我国显示面板年产能已经达到 2 亿平方米，占全球的 60% 左右；2023 年上半年中国工业机器人产量 22.21 万台，同比增长 5.4%。新能源、新能源汽车、人工智能等领域形成一批颇具竞争力的新兴产业链，为我国战略性新兴产业以及整体经济注入强劲活力。2022 年我国光伏、风能累计装机量分别达 392.6GW 和 365.4GW，占全国累计发电装机容量的 15.3% 和 14.3%，比重分别较 2020 年提升 3.8 个和 1.5 个百分点。2023 年我国新能源汽车年产值预计超万亿元，新能源汽车、太阳能电池、汽车用锂离子动力电池等"新三样"相关产品产量比上年分别增长 30.3%、54.0%、22.8%；以电动载人汽车、太阳能电池、锂离子蓄电池为代表的"新三样"产品出口额首次突破万亿元大关，同比增长 29.9%。2022 年我国人工智能核心产业规模达 5080 亿元，新算法、新模型、新范式不断涌现，已有超过 400 所学校开办人工智能专业，人工智能领域高端人才数量居全球第二。

在创新链发展方面。从研发强度看，2022 年我国战略性新兴产业上市公司研发投入强度达到 8.5%，是全社会总体水平的三倍以上。在集成电路领域，复旦大学将新型二维原子晶体引入传统硅基芯片制造，成功实现 CFET 晶体管技术突破，有望帮助国产芯片摆脱 EUV 工艺的依赖。在量子信息领域，我国实现全球范围内卫星量子密钥分发，"九章二号"和"祖冲之二号"的成功研制使我国成为唯一在两个物理体系中实现量子计算优越性的国家。在生物技术领域，我国自主产权的精准基因编辑技术（碱基编辑系统）问世，有望打破国外相关底层专利垄断。在我国国内高价值发明专利拥有量中，属于战略性新兴产业的有效发明专利达到 95.2 万件，同比增长 18.7%，占比 71.9%，产业创新发展动能持续增强。

在人才链发展方面。目前，我国科技人力资源数量居世界第一，高技能人才超过 6000 万人，占技能劳动者的 30%。其中，研发人员全时当量由 2012 年的 324.7 万人年提高到 2022 年的 635.4 万人年，稳居世界首位。另据测算，我国数字经济领域的就业岗位已经接近 2 亿人，占总就业人口的 1/4。在人力资源和社会保障部发布的《中华人民共和国职业分类大典（2022 年版）》中净增 158 个新职业，其中 97 个为数字经济职业。

在资金链发展方面。通过全面实行股票发行注册制、创业板改革、设立北交所等系列举措，有效拓宽战略性新兴产业领域成长型企业的融资渠道，科技、产业、金融良性循环格局加速形成。2021—2022 年，战略性新兴产业领域 A 股 IPO 上市公司达到 174 家，共募资 1638.3 亿元，分别占同期 A 股 IPO 上市公司的 18.4% 和 14.5%。从地方政府看，2022 年 11 月，上海市发布《上海市战略性新兴产业发展专项资金管理办法》，旨在进一步培育和发展上海市战略性新兴产业，发挥财政资金的支持和引导作用。

近年来，我国战略性新兴产业规模持续提升、新增长点不断涌现、竞争实力不断增强，战略性新兴产业增加值增速明显高于规模以上工业增加值增速。战略性新兴产业作为培育壮大新增长点、加快新旧动能转换、构建新发展格局的重要动力，将继续推动产业转型升级和经济高质量发展。

开辟未来产业发展新赛道。《纲要》指出，在类脑智能、量子信息、基因技术、未来网络、深海空天开发、氢能与

学术圆桌

储能等前沿科技和产业变革领域，组织实施未来产业孵化与加速计划，谋划布局一批未来产业。未来产业代表着科技和产业的发展方向，科技含量高、绿色发展足、产业关联强、市场空间大，是创新技术与多领域深度融合的产业。但并非所有尚处于萌芽状态的前沿产业都是未来产业，真正的未来产业是已初步具备未来技术发展趋势和一定市场规模的产业。近年来，北京、上海、深圳、浙江等地先后针对未来产业发布相关行动计划，如《北京市"十四五"时期国际科技创新中心建设规划》《深圳市培育发展未来产业行动计划（2022—2025年）》《上海打造未来产业创新高地发展壮大未来产业集群行动方案》《浙江省人民政府办公厅关于培育发展未来产业的指导意见》，将元宇宙、脑机接口、量子信息、人形机器人、生成式人工智能、生物制造、下一代互联网、第六代移动通信、未来显示、新型储能、深海空天开发等新科技变革领域，作为未来产业的发展重点。日前，工业和信息化部等七部门联合印发《关于推动未来产业创新发展的实施意见》，提出要重点推进未来制造、未来信息、未来材料、未来能源、未来空间和未来健康六大方向产业发展。

发展未来产业要有世界眼光。2013年5月，美国麦肯

学术圆桌

锡公司发布《展望 2025：决定未来经济的 12 大颠覆技术》，列举了 2025 年将对经济产生重大影响的 12 大颠覆技术：移动互联网、知识工作自动化、物联网、云、先进机器人、自动汽车、下一代基因组学、储能技术、3D 打印、先进油气勘探及开采、先进材料、可再生能源。这些技术有的已经形成，有的正在形成，有的已经或者正在改变我们的生产生活。2023 年 6 月，美国国家量子计划咨询委员会发布《更新国家量子计划：维持美国在量子信息科学领域的领导地位建议》，首次对国家量子计划（NQI）项目进行了独立评估，为美国政府更新国家量子计划法案、强化美国量子信息科技研究活动等提供参考，以更好地推进 NQI 项目。2023 年 2 月，德国出台《未来研究与创新战略》，其总体目标包括：加强从研究到应用的转化，实现基础理论研究与实际应用相结合；对新技术保持开放，汲取相关成功经验应对全球竞争和气候变化，并成功实现经济现代化。2022 年 OpenAI 公司的对话式通用人工智能应用 ChatGPT 成功问世并在全球流行，生成式人工智能（AIGC）进入高速发展阶段。据《2023 中国 AIGC 行业发展研究报告》推测，2028 年我国 AIGC 市场规模将达到 2767.4 亿元，2023—2028 年复合增长率有望超过 100%。可以说，只有充满世界眼光和胸襟的人，才能更

学术圆桌

好地创造未来。

发展未来产业要有颠覆性技术、前瞻性技术。必须加强科技创新特别是原创性、颠覆性科技创新，使原创性、颠覆性科技创新成果竞相涌现，培育发展新质生产力的新动能。人工智能、新能源、高性能材料、生命科学等领域重大问题受到关注。2023年6月26日，世界经济论坛发布《2023年十大新兴技术报告》，评选出目前最有潜力、对世界产生积极影响的十大技术，主要包括柔性电池、生成式人工智能、可持续航空燃料、工程噬菌体、改善心理健康的元宇宙、可穿戴植物传感器、空间组学、柔性神经电子学、可持续计算、人工智能辅助医疗。2023年10月22日，在第25届中国科协年会主论坛上，中国科协发布2023重大科学问题（如何实现低能耗人工智能等10个）、工程技术难题（如何实现在原子、电子本征尺度上的微观动力学实时、实空间成像等9个）和产业技术问题（如何突破碳纤维复合材料在我国未来超高速轨道交通车辆装备的应用等10个）。人工智能主要包括基础层和应用层两方面，基础层是人工智能产业的基础，主要分为硬件设施、软件和数据的技术支持，其目的是为人工智能提供数据和算力支撑；应用层主要包括自动驾驶、智能制造、智慧金融、智慧安防等领域。从全球产业链来看，美国在算力芯片、核心算法模型等"根技术"方面具有核心力量，积累了一大批如英伟达、谷歌、亚马逊、微软等科技巨头。我国人工智能在图像识别、语音识别等领域的算法、应用与美国接轨，在大模型领域也与美国接近，但是支撑人工智能算法和应用的算力，尤其是大模型对于算力的大量需求，还较为依赖美国英伟达提供的 GPU 芯片。

改造提升传统产业。从一定意义上讲，传统产业只要有广泛的市场需求，都不能被简单视为低端产业或者落后产业。任何传统产业，一经科技赋能，都能够升链转化为现代产业。要坚持推动传统产业转型升级，不能将其视为"低端产业"进行简单退出。新质生产力是推动新旧动能转换、实现发展方式转变、引领高质量发展的关键动力。要依托资源要素禀赋、区位优势和产业基础，加快传统产业改造、转型、升级，推进产业智能化、绿色化、高端化发展。要以数字赋能、高端引领做强传统产业，切实发挥数据要素的赋能作用，推进全要素数字化转型，实现工业互联网与消费互联网有机融合，推动技术和产业变革朝着数字化、网络化、智能化方向加速演进。

深化改革，为加快培育形成新质生产力提供体制机制保障

改革是为发展服务的。改革的目的，就是坚决破除各方面体制机制弊端，使生产关系适应生产力发展要求，解放和发展社会生产力、解放和增强社会活力。发展新质生产力，必须进一步全面深化改革，形成与之相适应的新型生产关系。

坚持教育发展、科技创新、人才培养一体推进。习近平总书记指出："当今时代，人才是第一资源，科技是第一生产力，创新是第一动力，建设教育强国、科技强国、人才强国具有内在一致性和相互支撑性，要把三者有机结合起来、一体统筹推进，形成推动高质量发展的倍增效应。"畅通教育、科技、人才的良性循环，要进一步加强科学教育、工程教育，加强拔尖创新人才自主培养，为解决我国关键核心技术"卡脖子"问题提供人才支撑。探索"学校＋重大科技基础设施""学校＋大型科研院所""学校＋龙头企业"模式，开展"新理科""新工科""新医科"建设，实施优秀科技创新人才培养专项方案，面向未来产业培养拔尖创新人才。建立人才跟踪培养机制，长期稳定支持一批取得突出成绩且具有明显创新潜力的青年人才。科技创新能够催生新产业、新模式、新动能，是发展新质生产力的核心要素。要以体制创新为关

键措施，建立以创新价值、能力、贡献为导向，有利于科技人才潜心研究、专注创新的评价体系和收入分配机制，释放科研人才创造力和创新力。进一步弘扬科学家精神，激励广大科学家和科技工作者坚持"四个面向"，把握世界科技前沿发展趋势，大力开展基础研究与应用基础研究，开展以产业需求为导向的科学问题研究，加强基础学科之间、基础科学与前沿技术的交叉融合，为产业发展提供源头供给，提升"从 0 到 1"的原始创新能力，积极抢占科技竞争和未来发展制高点。

加快完善新型举国体制，掌握创新发展主动权。新型举国体制是在原有举国体制基础上的继承与创新，既能够发挥社会主义制度集中力量办大事的显著优势，强化党和国家对重大科技创新的领导，又能够充分发挥市场机制作用，激发全社会创新创造活力，围绕国家战略需求优化配置创新资源。新型举国体制的两个关键，是有为政府和有效市场。健全关键核心技术攻关新型举国体制，需要构建有利于创新发展的市场竞争环境、产权制度、投融资体制、分配制度和人才培养引进使用机制，形成有利于激发全社会创造力的体制，培育有利于创新资源高效配置和创新潜能充分释放的社会环境。要通过制度和政策引导，把政府、市场、社会有机结合

学术圆桌

起来，科学统筹、集中力量、优化机制、协同攻关。通过健全新型举国体制，完善科技创新全链条，强化国家战略科技力量，大幅提升科技攻关体系化能力，不断提升国家创新体系效能。将新型举国体制与我国人力资本、市场需求和产业体系及产业链优势相结合，建立长周期的科教资源协同机制，推动创新链、产业链、资金链、人才链深度融合。

夯实企业科技创新主体地位，切实推动产学研深度融合。强化企业科技创新主体地位，是深化科技体制改革、推动实现高水平科技自立自强的关键举措。要坚持系统观念，围绕"为谁创新、谁来创新、创新什么、如何创新"，从制度建设着眼，对技术创新决策、研发投入、科研组织、成果转化全链条整体部署，对政策、资金、项目、平台、人才等关键创新资源系统布局，一体推进科技创新、产业创新和体制机制创新，推动形成企业为主体、产学研高效协同深度融合的创新体系。聚焦"基础研究＋技术攻关＋成果产业化＋科技金融＋人才支撑"全过程创新生态链，促进创新资源向企业集聚，向新质生产力集聚，推动企业在关键核心技术攻关和重大原创技术突破中发挥作用。按照"理技融合、研用结合"，支持龙头企业牵头组建"创新联合体"，探索产学研协同攻关和产业链上下游联合攻关，建立"一产一策、一技一策、一企一策"工作机制。支持企业与高校、科研机构成立联合实验室，布局建设一批概念验证中心、中小试基地、公共技术服务平台、众创空间和孵化器。聚焦未来产业，搭建一批应用场景，支持企业开展新技术新产品应用示范推广。

优化民营企业发展环境，促进民营经济发展壮大。党的十八大以来，我国出台一系列推动民营经济发展的支持政策，为促进我国民营经济发展壮大提供了长期性、稳定性、系统性的制度框架。2023 年 7 月，《中共中央 国务院关于促进民营经济发展壮大的意见》（以下简称《意见》）印发，随后相关部门陆续出台一系列配套政策举措，形成了优化民营企业发展环境的"1 + N"政策体系。2023 年中央经济工作会议对发展壮大民营经济作出部署，再次强调坚持"两个毫不动摇"。要领会好、落实好中央经济工作会议精神，积极落实《意见》中针对准入难、融资难、回款难、中标难、维权难等问题提出的解决方案，持续破除市场准入壁垒，全面落实公平竞争政策制度，完善融资支持政策制度、拖欠账款常态化预防和清理机制、支持政策直达快享机制，强化民营经济发展法治保障，着力让民营企业可感、可及。特别是要坚持"刀刃向内"，建立健全政务失信记录和惩戒制度，推动政府诚信履约。同时，切实完善常态化民营企业家座谈会机制，

学术圆桌

支持各级部门邀请优秀企业家开展咨询,倾听民营企业家的真实想法,积极发现民营企业发展中出现的新问题、新情况,建立完善从问题反映到落实解决的闭环机制,着力解决民营经济发展中面临的阶段性突出困难和问题。加大对地方政府支持民营企业发展壮大政策落实的督导与考核,强化已出台政策的督促落实,实施相应奖惩措施。健全政策落实的评估机制,根据评估中查找的问题进一步优化政策举措。

激发、保护企业家精神,营造依法保护企业家合法权益的法治环境。习近平总书记指出:"全面深化改革,就要激发市场蕴藏的活力。市场活力来自于人,特别是来自于企业家,来自于企业家精神。""企业家爱国有多种实现形式,但首先是办好一流企业,带领企业奋力拼搏、力争一流,实现质量更好、效益更高、竞争力更强、影响力更大的发展。"要营造依法保护企业家合法权益的法治环境,依法保护企业家财产权,依法保护企业家创新权益,依法保护企业家自主经营权。营造促进企业家公平竞争诚信经营的市场环境,强化企业家公平竞争权益保障,健全企业诚信经营激励约束机制,持续提高监管的公平性、规范性、简约性。营造尊重和激励企业家干事创业的社会氛围,构建"亲""清"的新型政商关系,树立对企业家的正向激励导向,营造积极向上的舆论氛围。努力为企业家提供优质高效务实服务，完善涉企政策和信息公开机制，加大对企业家的帮扶力度。加强优秀企业家培育，发挥优秀企业家示范带动作用，构建"企业家＋科学家＋投资家"的未来产业项目挖掘与甄别机制。

加快建设全国统一大市场，发挥超大规模市场优势。科技创新与市场体系紧密相关、相互促进。一方面，高标准市场体系能够形成高质量的产品服务供给、高水平的生产技术投入、高效率的供需对接。建设高标准市场体系，有利于创新资源优化配置，激励各方投入创新、推进创新。另一方面，科技创新为建设高标准市场体系提供技术基础，能够孕育出颠覆性的创新产品，推动企业之间、消费者之间以及企业和消费者之间形成新型互动。这将催生新的数据分析和处理方法，推动市场营销战略、策略、模式、工具等方面的创新，更好实现供需精准对接。要加快建设高标准市场体系，畅通市场循环，疏通政策堵点，打通流通大动脉，充分发挥我国市场的规模效应与集聚效应，促进创新要素有序流动和合理配置，为支撑战略性新兴产业和未来产业发展、加快形成新质生产力提供体制机制保障。重点夯实市场体系基础制度，是市场体系有效运行的基础。要全面完善产权保护制度，依法、平等、全面保护各类所有制企业产权，激发各类生产经

学术圆桌

营主体活力、促进创新创造。全面落实"全国一张清单"管理模式，形成全国统一市场，发挥超大规模市场优势。要深化市场监管体制改革，健全完善适应未来产业技术更迭和产业变革要求的制度规范，按照包容审慎原则，统筹监管和服务，适当放宽新兴领域产品和服务市场准入。深化要素市场化配置综合改革，让各类先进优质生产要素向发展新质生产力高效流动。

不断优化营商环境，更好服务市场主体。好的营商环境，其本质是，让企业在依法合规的前提下，多快好省地实现盈利；其社会共识是，视企业为衣食父母、视企业家为至爱亲朋。全面深化改革，优化营商环境，注定是一场关乎全局、决定未来的持久战。困难越大、矛盾越多，越需要埋头苦干的真把式，雷厉风行的快把式，追求卓越的好把式。必须用思想的力量催动改革的步伐，以科学的方法善作善成，强化改革定力、强化创新突破、强化部门协同、强化政策落地，重点解决权力下放中整体联动、业务协同不够的问题，破解部门、行业、地区间数据共享机制不健全的问题，化解多头监管、重复监管普遍存在的问题，以及如何建立改革协同机制的问题。同时，还要杜绝一些地方政府部门"拍脑袋"决策、"拍胸脯"保证、"拍屁股"走人的现象。

学术圆桌

扩大高水平对外开放，形成具有全球竞争力的开放创新生态。要加快培育外贸新动能，巩固外贸外资基本盘，拓展中间品贸易、服务贸易、数字贸易、跨境电商出口。探索将现有的服务业扩大开放综合试点城市升级为服务业开放特区的可行性方案。进一步提升部分 A、B 级出入境特殊物品的通关便利化水平。进一步放宽境外服务提供者在建筑设计、城市规划、医疗等领域提供的跨境服务限制，放宽云计算、电影电视制作、医疗等领域的外资准入限制，加大高等教育、职业教育对外开放力度。对标国际高标准经贸规则，认真解决数据跨境流动、平等参与政府采购等问题，持续建设市场化、法治化、国际化一流营商环境，打造"投资中国"品牌。进一步便利外籍人员来华经商、学习、旅游。抓好支持高质量共建"一带一路"八项行动的落实落地，统筹推进重大标志性工程和"小而美"民生项目。

《人民论坛·学术前沿》（2024 年 2 月上）

深刻把握新质生产力的科学内涵与培育路径

蒋永穆　马文武

习近平总书记关于新质生产力的重要论述，是习近平经济思想的重要组成部分，是马克思主义中国化时代化的最新成果，推动了中国特色社会主义政治经济学的发展，是指导我国生产力变革跃迁、经济持续发展的重要思想。当前，学好用好习近平总书记关于新质生产力的重要论述，需要在理论上深刻把握新质生产力的科学内涵，推动新质生产力加快发展。

以创新为核心的先进生产力

全面准确理解新质生产力的科学内涵，必须从理论层面科学把握新质生产力的基本含义，深刻认识其形成机理。

新质生产力是相对于传统生产力而存在的，体现为人们利用自然、改造自然能力"质"的突变，对社会发展能够产生重大促进作用。纵观人类生产力发展史，科学技术始终是

▶ 学术圆桌 ●

促进新质生产力产生和发展的关键变量，世界各国尤其是大国之间的竞争，归根到底是科学技术的竞争，或者说是在新质生产力发展方面的竞争。习近平总书记指出，新质生产力是创新起主导作用，摆脱传统经济增长方式、生产力发展路径，具有高科技、高效能、高质量特征，符合新发展理念的先进生产力质态。它由技术革命性突破、生产要素创新性配置、产业深度转型升级而催生，以劳动者、劳动资料、劳动对象及其优化组合的跃升为基本内涵，以全要素生产率大幅提升为核心标志，特点是创新，关键在质优，本质是先进生产力。

作为一个复杂系统，生产力在发展周期性更替、实现由量变到质变、由低水平"代级"向高水平"代级"螺旋式上升的过程中，其内在机理可由以下两种过程来阐释。

第一，动力技术的创新发展带来生产力要素的发展变化，促成整个生产力水平的"代级"上升。在生产力要素中，劳动者技能的提高、生产工具的不断改进、劳动对象范围的不断拓展和丰富，均会促进新质生产力的形成。其中，作为生产力水平的显著标志，生产工具的效率高低在生产力系统中具有决定性作用，影响着其他生产力要素的发展变化。动力技术是决定生产工具效率的核心要素。人类社会发展史上的

学术圆桌

几次生产力变革，都是由生产工具变革引发的。从"水推磨"的自然动力生产工具，到以燃料为基础的蒸汽动力生产工具，再到以电力为基础的电气动力生产工具，动力技术的每一次颠覆性创新，都带来了生产工具的革命性改进，从而引发整个生产力系统的重塑。因此，动力科技的创新发展直接决定了生产工具的效率水平，并进一步影响生产力其他要素的贡献，加速新质生产力的形成和发展。

第二，赋能技术的创新发展对生产力要素的创新性重组，带来生产力水平的革命性提升。生产力要素在不同层面以不同技术水平进行不同方式的组合，进而释放不同的生产力。在微观层面，新的赋能技术在生产过程中对劳动者、劳动资料、劳动对象进行新的组合，促成生产方式、组织方式等发生变革，孕育新兴企业，提升企业生产能力。在中观层面，新的赋能技术会带来产业要素资源变化、产业聚集程度变化、产业空间距离变化、产业体系结构变化，催生新产业、新业态、新商业模式，促进整个产业生产率的提升。在制度层面，新的赋能技术从政府管理、社会治理、市场运作、企业运行等方面全面赋能，提高整个社会的制度效能，实现对生产资料的有效调节、对劳动产品的有效分配、对市场行为的有效规范，从而不断调整和改革生产关系以解放生产力。

在科学技术快速发展的今天，新能源技术不断创新，数字赋能技术不断发展，二者效应叠加使传统生产力以周期更短、跃迁速度更快的特点，向新质生产力转化。

坚持创新、人才、产业"三大驱动"

从新质生产力的内涵出发，结合人类社会生产力发展史可以看出，科技创新、人才效应发挥、产业变革对于加快形成新质生产力具有重要作用。当前，我国必须紧紧依靠创新、人才、产业"三大驱动"，更快更好培育发展新质生产力。

创新是加快形成新质生产力的直接动力。无论是动力技术创新发展引发，还是赋能技术创新发展推动，关键在于创新，尤其是科技创新。一是推进以科技创新为核心的全面创新。创新包括理论创新、体制创新、制度创新、人才创新等多个方面，但科技创新的地位和作用更为显要。因此，要围绕科技创新这个核心，深入实施创新驱动发展战略，推出一系列深化科技体制改革的重大举措，通过体制机制创新释放科技创新效能，实现科技创新和体制机制创新"双轮驱动"。二是加快建设科技创新和成果转化平台。按照"在科技创新和科技成果转化上同时发力"的要求，继续推进和完善国家重大科技创新中心、"大科学装置"、全国重点实验室等科技基础设施建设，加强企业主导的产学研深度融合，促进科技成果有效转化。三是聚焦关键领域的科技创新。强化原始创新和颠覆性技术创新，加大关键核心技术攻关力度，瞄准世界科技前沿和顶尖水平，开展前瞻性、战略性、全局性谋划，在科技资源上快速布局，积极在基础科技领域作出更大创新，在关键核心技术领域取得更大突破。

人才是加快形成新质生产力的原动力。从生产力的基本要素看，劳动者是最积极的因素，在生产力结构中占据主体地位。人才作为高能力劳动者的代表，其本身就是生产力的直接要素，对生产力的促进作用最深层。新质生产力的竞争，源头是人才的竞争。一是加强人才自主培养能力。深入实施科教兴国战略、人才强国战略，以创新型人才培养为目标，深化教育体制机制改革，促进义务教育均衡优质发展、职业教育高质量发展、普通高中教育改革发展、高等教育内涵发展，造就大批德才兼备的高素质人才。二是深化人才发展体制机制改革。破除人才培养、使用、评价、服务、支持、激励等方面的体制机制障碍，加快形成有利于人才成长的培养机制、有利于人尽其才的使用机制、有利于竞相成长各展其能的激励机制、有利于各类人才脱颖而出的竞争机制，把人才从科研管理的各种形式主义、官僚主义的束缚中解放出来。

三是加强政策和环境引才聚才力度。坚持聚天下英才而用之，配套相关政策体系，搭建人才发展平台，营造敬才爱才良好氛围。以更加积极、更加开放、更加有效的人才引进政策，用好全球创新资源，精准引进急需紧缺人才，形成具有吸引力和国际竞争力的人才制度体系，加快建设世界重要人才中心和创新高地。

产业是加快形成新质生产力的重要载体。产业是实现人才和科技向现实生产力转化的最终落脚点。加快形成新质生产力，需要在建设现代化产业体系上精准发力，做到分类施策、重点发力。一是支柱性产业在国民经济发展中发挥着骨干性、支撑性作用。要保持优势产业领先地位，加大科技创新和应用，提升产业内生发展动力，同时在关系安全发展的领域加快补齐短板，提升战略性资源供应保障能力，不断巩固其支柱性地位。二是战略性新兴产业是引领未来经济社会发展的重要力量，是新科技研究和运用的重要领域。发展战略性新兴产业必须以重大技术突破和重大发展需求为基础，积极培育先导性和支柱性产业，推动战略性新兴产业融合化、集群化发展。三是未来产业是关系一个国家和地区长远产业发展和竞争优势的产业领域。要围绕若干前沿和颠覆性技术，组织实施未来产业孵化与成长计划，抢占未来科技革命和产

学术圆桌

业发展制高点。尤其是元宇宙、人形机器人、脑机接口、通用人工智能等，将对人类生产和生活带来深远影响，无疑成为未来产业聚焦的重点方向。

《中国社会科学报》（2024 年 03 月 11 日第 05 版）

从技术经济学视角理解新质生产力的内涵

吴　滨

　　发展新质生产力，是推动高质量发展的内在要求和重要着力点。2024 年全国两会期间，习近平总书记在深刻阐明新质生产力这一重大原创性概念内涵、本质要求、重要原则的基础上，进一步阐述了加快发展新质生产力的一系列重大理论和实践问题。这些重要论述，创造性继承、创新性发展了马克思主义政治经济学，开启了习近平经济思想的新篇章，为新征程推进社会主义经济建设提供了重要遵循。

　　新质生产力代表对新一轮科技革命和产业变革与经济发展关系的新认识，内涵颇为丰富，涉及众多学科。技术经济学是研究技术发展规律、技术与经济互动关系的学科。立足技术经济学视角，从科学技术的生产力属性、变革属性、效率属性和价值属性理解新质生产力，有助于科学准确把握其内涵，推动高质量发展。

· 学术圆桌 ·

　　科技创新是发展新质生产力的核心要素。科学技术是生产力的重要组成部分，人们对科学技术生产力属性的认识经历了一个长期发展过程。在人类发展早期，技术以实践经验为主，被"隐藏"在生产要素之中，并未形成独立的体系，发展缓慢，缺乏足够的显性特征。现代科学使技术快速发展，引发产业革命，生产力得到空前提高，科学技术的作用充分显现。马克思对此进行过生动描述："自然力的征服，机器的采用，化学在工业和农业中的应用，轮船的行驶，铁路的通行，电报的使用，整个大陆的开垦，河川的通航，仿佛用法术从地下呼唤出来的大量人口——过去哪一个世纪料想到在社会劳动里蕴藏有这样的生产力呢？"

　　每一次重大科技的突破都使生产力产生深刻变化，人们切实感受到科技的变革作用，对科技生产力属性的认识提升到新高度。目前，科技发展进入新的变革阶段，带有颠覆性的重大科技成果不断涌现，生产力正在出现质的飞跃。新质生产力是生产力跃迁的具体质态，是对科学技术和生产力发展规律的高度概括。在长期发展过程中，人类形成了丰富的科技体系，不同类型的科技在生产中发挥不同的作用。其中，前沿科技具有引领变革的作用，如蒸汽机的发明实现大型机械化生产，电力技术的应用开创"电气时代"，电子信息技术的发展将人类带入"信息时代"。进入新时期，人工智能、量子信息、基因技术、新能源等前沿科技领域加速发展，成为引领变革的重要力量。新质生产力是新时代的先进生产力，前沿科技是其关键要素。在弥补科技短板的同时，加快前沿科技布局，加大对原创技术、颠覆性技术的支持，实现高水平科技自立自强是新质生产力形成的关键所在。

新质生产力代表着新的技术—经济范式。新质生产力是新兴技术与生产要素的结合，它的形成是由技术变革向生产变革发展的过程。首先，是技术革命性突破。技术进步来源于技术创新，技术创新可以分为渐进式创新和突破式创新。其中，渐进式创新主要是原有技术的改进，突破式创新则表现为原有技术的替代，即新—旧技术范式的转换。数字技术、新能源技术、生物基因技术正在加速推动新技术范式的形成，人工智能大模型、氢能、合成生物等领域，展现出巨大的发展潜力。

其次，是生产领域的变革。技术的突破会带来生产领域的变革，形成新的技术—经济范式，进而推动生产力的发展。目前，由新一轮科技革命引发的生产领域变革正在快速推进，数字技术的发展和广泛应用使数据成为重要的生产要素，通过与其他要素的重组，催生出一批新产业、新业态和新模式，促进了传统产业的转型升级，推动了产业的融合发展。相关数据显示，2022年，我国数字经济规模达50.2万亿元，占国内生产总值比重达41.5%；新能源技术的推广应用正在改变传统的能源格局，集新能源技术、数字技术于一身的智能网联新能源汽车行业，给传统汽车制造业和城市交通基础设施建设带来深刻影响，已经成为经济增长的新引擎；以量子信息、类脑智能、基因技术、深海空天开发、先进储能等前沿科技推动的未来产业，将大大提升人类的生产能力和范围，对经济形态产生深远影响。新一轮科技革命和产业变革呈现出技术范式、技术—经济范式交叉融合的趋势，相互促进的特征更为明显。从目前发展来看，无论是技术范式，还是技术—经济范式仍处于孕育过程中，主导范式还没有完全形成，仍存在重要发展机遇。受历史因素影响，我国曾错过多次重大科技和产业变革；在现阶段，我国有条件、有能力抓住新一轮科技革命和产业变革的机遇，塑造新的生产力。充分把握机遇，必须坚持创新在现代化建设全局中的核心地位，全面激发科技创新和产业创新活力，为新质生产力形成提供强大动力。

新质生产力的核心标志是全要素生产率大幅提升。人类

学术圆桌

生产活动是通过要素投入形成产出以满足人类需求的过程，以最少的投入创造最大的产出是人类生产发展的目标。生产力是人们生产和创造物质精神财富的能力，提高生产效率是生产力发展的内在要求。生产效率是一个综合性概念，反映了投入和产出的关系。生产效率的提升，无论是投入的节约，还是产出的增加，抑或是两者兼有，都反映着投入和产出关系的变化。

由于投入具有多要素特征，生产效率可以分为单要素生产率和全要素生产率。单要素生产率是单一要素的产出效率，如劳动生产率、资本产出率、能源效率，强调生产过程中某一要素产出能力的改进；全要素生产率是建立在各要素投入变化基础上的效率，体现了整体生产水平的提升。在传统经济学中，全要素生产率是衡量技术进步的指标，但从宏观层面来看，全要素生产率的内涵更加丰富，其不仅是技术进步的结果，而且反映了产业结构升级、产业间协同、产业布局优化等经济发展的综合效果。作为新时期生产力的跃迁，新质生产力不是局部的调整，而是经济增长方式的转变，这种转变是全局性的，带来的是整体效率的大幅提升，科技创新是效率提升的动力和基础。由此可见，新质生产力所表现出的效率提升，不是局部的、某个要素效率的改进，而是全要素生产率的大幅提升，既体现了科技进步的效果、创新"第一动力"的作用，又反映了整体生产水平的提高、经济的高质量发展。

新质生产力对科技创新提出了方向性要求。科学技术具有很强的价值属性，这种价值不仅表现为具体的应用价值，而且反映了科学技术的内在价值。正如马克思所说，"科学绝不是一种自私自利的享乐，有幸能够致力于科学研究的人，首先应该拿自己的学识为人类服务"。科技创新是人类有目的的活动，其目的取决于人们对人类社会、自然界，以及两者之间关系等方面的认识，这种认识具有一定的价值判断。从科技发展的历史来看，科技在创造巨大财富、大大满足人类需求的同时，对人类社会和自然环境也造成了一定冲击，工业发展带来的环境污染、气候变化、生态恶化等问题至今仍困扰着人类。如何规范科技创新行为，是目前科技发展的重要议题。

中共中央办公厅、国务院办公厅2022年印发的《关于加强科技伦理治理的意见》明确了科技伦理原则，包括增进人类福祉、尊重生命权利、坚持公平公正、合理控制风险、保持公开透明，体现了我国在规范科技创新、促进科技健康发展方面的决心。新质生产力是新时代的先进生产力，是科学技术"新"与发展质量"优"的有机统一。新质生产力的关键在质优，体现了对传统发展模式的反思和对人类发展、人类社会与自然之间关系的新认识，代表了人类文明的新形态。

《中国社会科学报》（2024 年 03 月 15 日第 03 版）